播音主持实训教程

孙劲松 主编

中国纺织出版社有限公司

图书在版编目（CIP）数据

播音主持实训教程 / 孙劲松主编 . -- 北京：中国纺织出版社有限公司, 2024. 8. -- ISBN 978-7-5229-2132-7

Ⅰ . G222.2

中国国家版本馆 CIP 数据核字第 202441SQ42 号

责任编辑：房丽娜　　责任校对：王花妮　　责任印制：储志伟
中国纺织出版社有限公司出版发行
地址：北京市朝阳区百子湾东里 A407 号楼　邮政编码：100124
销售电话：010—67004422　传真：010—87155801
http://www.c-textilep.com
中国纺织出版社天猫旗舰店
官方微博 http://weibo.com/2119887771
河北延风印务有限公司印刷　各地新华书店经销
2024 年 8 月第 1 版第 1 次印刷
开本：710×1000　1/16　印张：11.25
字数：200 千字　定价：98.00 元

凡购本书，如有缺页、倒页、脱页，由本社图书营销中心调换

前言 Preface

在广播电视及网络节目的世界里，播音主持是一门融合了艺术、技巧和专业素养的综合性工作。从播报新闻到主持文艺节目，从生活服务类节目到体育、财经、访谈以及儿童节目，每一个领域都需要具备特定技能和专业相关知识。《播音主持实训教程》应运而生，旨在为学习者提供系统性、全面性的指导，帮助他们在各个领域中获得成功。

这本教材涵盖了广播电视及网络节目中常见的类型，从新闻报道到娱乐节目，再到生活服务与专业访谈，每一个模块都设计了精心编排的单元，涵盖了实用的技巧、策略以及实践指导。通过本教程的学习，读者将能够全面了解不同类型节目的要求，并获得必要的技能与专业素养来胜任这些工作。

在编写本教程的过程中，我们特别关注两个方面：一是理论与实践的结合，二是针对不同类型节目的个性化指导。

首先，理论与实践并重。我们深知在播音主持这个领域，理论知识虽然重要，但更为关键的是实践能力。因此，本教程不仅提供了丰富的理论知识，还通过案例分析、实践演练等方式，帮助学习者将所学知识转化为实际操作能力。

其次，针对不同类型节目的个性化指导。不同类型的节目有着不同的特点和要求，播音主持者需要根据具体情况灵活运用技能。因此，我们在每个模块中都提供了相应类型节目的专门指导，帮助学习者更好地适应各种工作场景。

本教程适用于各个层次的学习者和从业者，无论是初学者还是有一定经验的专业人士，都能从中获益良多。我们深信，通过不懈地努力学习和实践，每一位学习者都能够在播音主持这个领域中获得成功。

最后，我们要感谢所有为本教程编写提供支持与帮助的人士，正是有了你们的贡献，才使这本教材得以完成。我们也真诚地希望本教程能够成为学习者在播音主持领域中的得力助手，为他们的职业生涯铺就一条坚实的道路。

愿每一位阅读本教程的人，都能在播音主持的旅程中收获满满，成就自我，不负时光！

孙劲松

2023 年 11 月

目 录 Contents

模块一　广播电视新闻节目播报与主持 ·················· 1
　单元一　新闻节目播报技巧与要点 ·················· 1
　单元二　现场报道与实时反应能力培养 ·················· 5
　单元三　紧急事件播报处理与规范 ·················· 13
　思考题 ·················· 18

模块二　文艺节目主持 ·················· 19
　单元一　大型文艺晚会主持技巧与策划 ·················· 19
　单元二　综艺节目主持能力培养与互动引导 ·················· 29
　单元三　艺术类节目主持风格塑造与情感表达 ·················· 39
　思考题 ·················· 49

模块三　生活服务类节目主持 ·················· 50
　单元一　生活常识与实用信息传递技巧 ·················· 50
　单元二　情感交流与听众互动技能培养 ·················· 60
　单元三　健康生活类节目主持与专业素养培养 ·················· 71
　思考题 ·················· 77

模块四　体育类节目主持 ·················· 78
　单元一　体育赛事解说与现场报道技巧 ·················· 78
　单元二　体育类节目主持话题策划与讨论引导 ·················· 87

单元三 运动员采访与体育资讯传递技巧 …………………………… 99

思考题 ………………………………………………………………… 105

模块五　财经类节目主持 …………………………………………… 106

单元一 经济新闻播报与解读技巧 …………………………………… 106

单元二 投资理财类节目主持知识储备与沟通技巧 ………………… 110

单元三 商业访谈与财经话题引导技巧 ……………………………… 121

思考题 ………………………………………………………………… 127

模块六　访谈类节目主持 …………………………………………… 128

单元一 访谈节目主持准备与话题策划 ……………………………… 128

单元二 嘉宾沟通与情感把控能力培养 ……………………………… 136

单元三 现场争论与话题引导应对技巧 ……………………………… 141

思考题 ………………………………………………………………… 151

模块七　少儿节目主持 ……………………………………………… 152

单元一 少儿节目语言表达与情感塑造 ……………………………… 152

单元二 互动游戏与儿童教育知识传递技巧 ………………………… 159

单元三 少儿节目主持艺术性与趣味性培养 ………………………… 166

思考题 ………………………………………………………………… 171

参考文献 ……………………………………………………………… 172

模块一　广播电视新闻节目播报与主持

单元一　新闻节目播报技巧与要点

一、技巧与流程介绍

在进行新闻播报前，主持人需要进行充分的准备工作，包括稿件的阅读与理解，以及文稿的修改与调整。接下来，播报过程中需要注意技巧，例如清晰明了地发音，适当的语速与节奏，以及自然的语调。播报的流程，通常包括开场白、新闻播报、过渡与链接，以及结尾总结。下面将详细介绍每个环节的内容（图1-1）。

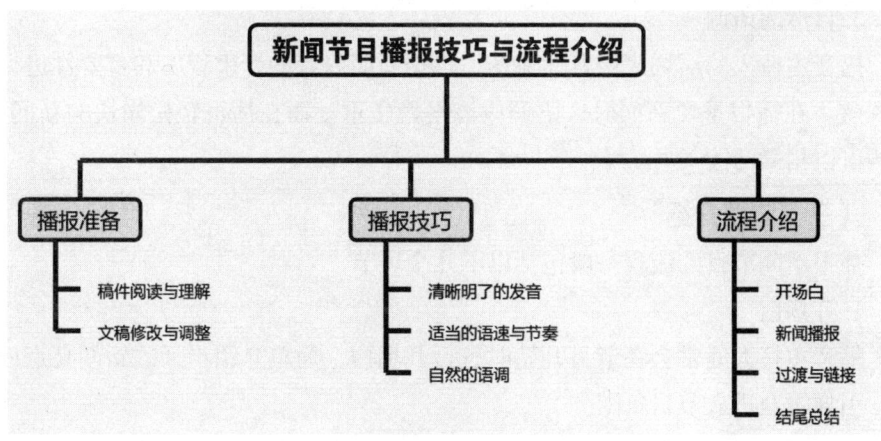

图 1-1　新闻节目播报技巧与流程介绍

（一）播报准备

在开始新闻节目播报之前，播音主持人应进行充分的准备工作，包括了解当天的新闻内容、播报顺序和时间分配等。播报前的准备工作对于确保播报流畅、准确至关重要。

1. 稿件阅读与理解

播音主持人应仔细阅读并理解稿件内容，包括了解新闻事件的背景、发生的时间和地点、涉及的人物信息以及相关的背景资料。只有对新闻内容充分理解，才能在播报时准确传达信息。

2. 文稿修改与调整

有时新闻稿件可能需要进行修改或调整，以适应特定的播报时长或听众群体。播音主持人需要具备较强的文字处理能力，能够灵活调整文稿，确保播报流畅。

（二）播报技巧

播音主持人在播报新闻时需要掌握一定的播报技巧，以保持听众的关注并准确传达信息。以下是一些常用的播报技巧：

1. 清晰明了的发音

播音主持人应该清晰准确地发音，避免口齿不清或含糊不清的情况，以确保听众能够准确理解播报内容。

2. 适当的语速与节奏

播音主持人应该掌握适当的语速和节奏，在保持节奏的同时给予听众足够的时间消化信息。过快或过慢的语速都会影响听众对信息的理解和接受。

3. 自然的语调

播音主持人的语调应该自然流畅，根据新闻内容的严肃程度和重要性进行适当调整。在播报重要新闻时，语调应该平稳庄重；而在播报轻松愉快的新闻时，语调可以稍微活泼一些。

（三）流程介绍

播报新闻节目的流程一般包括以下几个环节：

1. 开场白

播音主持人通常会在节目开始时进行开场白，简单介绍当天的新闻亮点或主题，引导听众进入节目氛围。

2. 新闻播报

播音主持人根据预先准备好的新闻稿件，依次进行新闻播报。每则新闻的播报时间一般较短，需要快速准确地传达信息。

3. 过渡与链接

在播报不同新闻之间，播音主持人需要进行流畅的过渡与链接，以确保节目整体的连贯性和流畅度。

4.结尾总结

节目结束前,播音主持人通常会对当天的重要新闻进行简要总结,并预告下一期节目的内容,为听众留下深刻印象。

二、语调与节奏掌控

在新闻播报过程中,语调和节奏的掌控至关重要。下面将详细介绍如何掌控语调和节奏,以确保播报效果更佳(图1-2)。

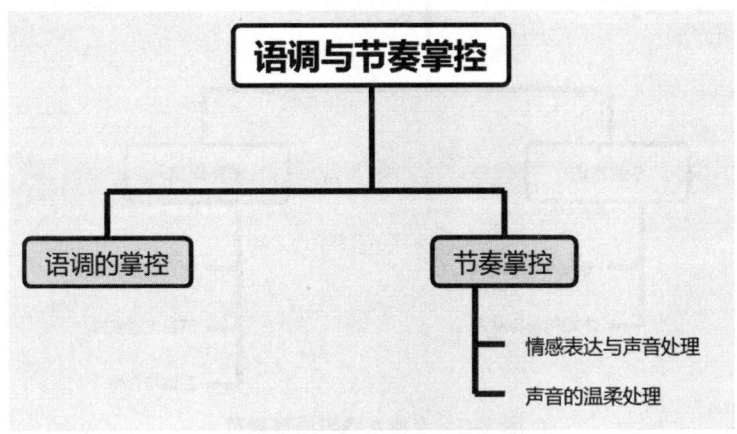

图1-2　语调与节奏掌控

(一)语调的掌控

在新闻节目中,合适的语调能够增强听众的听取兴趣,提高信息传递的效果。

在播报新闻时,播音主持人应根据新闻内容的严肃程度和重要性,调整自己的语调。对于重大事件或严肃的新闻,语调应该平稳庄重;而对于轻松愉快的新闻,语调可以稍微活泼一些。

(二)节奏掌控

1.情感表达与声音处理

在播报新闻时,播音主持人不仅需要传达新闻事件的信息,还需要通过语调和声音表达出相应的情感。对于重大事件或悲伤的新闻,应适当表现出沉重和悲伤的情绪;而对于值得庆祝的新闻,则可以适当表现出喜悦和兴奋的情绪。

2.声音的温柔处理

播音主持人的声音应该是温柔和谐的,不应该过于生硬或刺耳。通过适当的声音调节和处理,可以增加听众的舒适感,提高节目的收听率。

三、专业术语与语言规范

在新闻播报中，正确使用专业术语和遵循语言规范至关重要。下面将详细介绍如何正确运用专业术语和遵循语言规范，以确保播报内容准确、客观且具有专业性（图 1-3）。

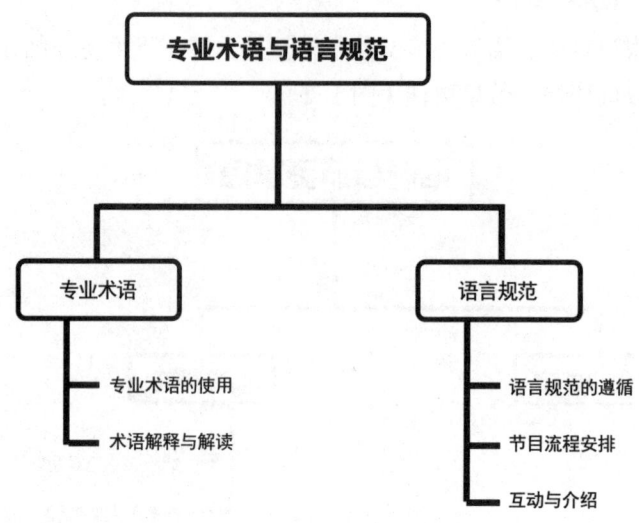

图 1-3　专业术语与语言规范

（一）专业术语

1.专业术语的使用

在播报新闻时，播音主持人应注意使用专业术语，以确保信息的准确性和专业性。对于涉及专业领域的新闻事件，播音主持人应提前了解相关的专业术语，并正确运用于播报中。例如，在报道科技、医学或财经类新闻时，需要熟悉相应领域的专业术语，确保准确规范地传达给听众。

2.术语解释与解读

尽管使用专业术语可以提高播报的准确性和权威性，但在某些情况下，部分听众可能并不熟悉这些术语。因此，播音主持人在播报时应当适时地对一些较为专业的术语进行解释和解读，以确保听众能够理解。

（二）语言规范

1.语言规范的遵循

播音主持人应当严格遵守语言规范，确保播报的语言准确、规范。这包括正确的语法、用词得当以及避免口头语等。播音主持人的语言应当简洁明了，避免出现口误或者含糊不清的情况，保证信息的准确传达。

2. 信息的客观性与中立性

在播报新闻时，播音主持人应当保持客观中立的立场，不应夹带个人情感或者偏见。新闻节目的宗旨是客观、公正地传递信息，因此播音主持人在播报时应当避免主观评价或个人情绪的流露，以确保新闻的客观性和中立性。

3. 文风与节目风格

每个新闻节目都有自己的文风和节目风格，播音主持人应当根据节目的特点和要求，灵活调整自己的语言风格和表达方式。有些节目偏向于严肃庄重，语言应该更加正式、沉稳；而有些节目偏向于活泼轻松，语言可以更加活泼生动。播音主持人需要根据具体情况，选择合适的感情基调，以提高节目的吸引力和可听性。

单元二　现场报道与实时反应能力培养

一、现场报道准备与实践

在进行现场报道之前，记者需要做好充分的准备工作，这些准备工作是确保报道顺利进行的关键。接下来将介绍现场报道准备的重要步骤和实践过程（图1-4）。

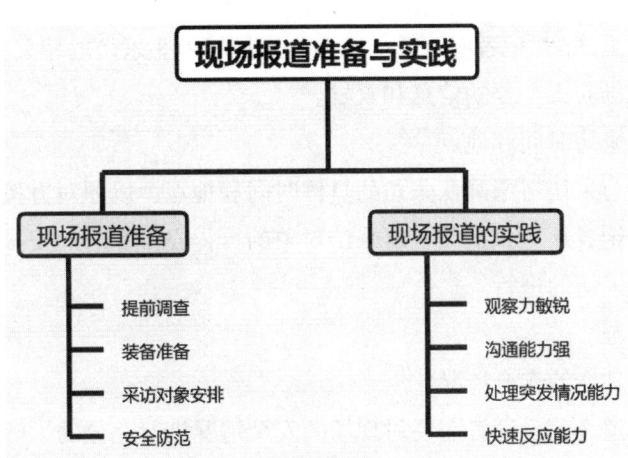

图1-4　现场报道准备与实践

（一）现场报道准备

在进行现场报道之前，记者需要做好充分的准备工作，这些准备工作是确保报道顺利进行的关键。

1.提前调查

（1）了解报道的背景信息

在现场报道之前，记者应该对报道的事件或话题进行深入地调查和了解。这包括了解事件的起因、发展经过、相关人物和组织等背景信息，以便在报道中提供更加全面和准确的资料。

（2）掌握相关人物和事件发生地点

记者需要清楚地了解相关人物的身份和职责，以及事件发生的具体地点和周边环境。这样可以帮助记者更好地定位报道的重点和方向，准确把握现场的情况。

2.装备准备

（1）携带必要的采访设备和工具

在现场报道中，记者需要携带各种采访设备和工具，以便记录和采集现场信息。这包括录音笔、摄像机、相机、笔记本电脑、手机等设备，以及备用电池、存储卡等配件。

（2）确保设备正常运作

在出发前，记者应该检查和测试所有的采访设备，确保其正常运作。同时，记者还应该带上足够的备用电池和存储卡，以应对可能发生的意外情况。

3.采访对象安排

（1）提前联系和安排

在现场报道之前，记者应该提前联系和安排好需要采访的相关人士或目击者。确保能够在现场获得必要的信息和素材。

（2）确认采访时间和地点

记者需要与采访对象确认采访的具体时间和地点，以便对方按时到达并进行采访。同时，记者还应该提前了解采访对象的行程安排和时间安排，避免因为时间冲突而影响采访的进行。

4.安全防范

（1）了解现场的安全情况

在现场报道之前，记者需要对现场的安全情况进行充分的了解。这包括了解可能存在的安全隐患和潜在的危险因素，以及应对突发事件的应急措施。

（2）采取必要的安全措施

为了确保记者自身和团队的安全，记者需要采取必要的安全措施。这包括遵守现场的安全规定和要求，保持警惕，随时准备应对可能存在的安全隐患和紧急情况。

（二）现场报道的实践

现场报道的实践是检验记者能力的重要环节。在现场报道过程中，记者需要具备以下几点能力：

1. 观察力敏锐

（1）快速捕捉重要信息

记者需要具备敏锐的观察力，能够迅速发现现场的重要信息和变化情况。无论是人群的情绪变化、事件的发展进程还是现场的环境变化，都需要记者能够第一时间观察到并及时记录。

（2）调整采访方向和内容

基于观察到的信息，记者需要及时调整采访的方向和内容，确保报道能够紧跟现场的发展，传递最新、最重要的信息于读者或观众。

2. 沟通能力强

（1）有效沟通与交流

记者需要具备良好的沟通能力，能够与目击者、相关人士等进行有效的沟通和交流。通过倾听和发问，获取准确、详尽的信息，为报道提供丰富的素材和观点。

（2）建立信任关系

在与采访对象交流的过程中，记者需要与采访对象建立起信任关系，让采访对象感受到自己的诚意和真诚，愿意分享更多的信息和见解，从而为报道提供更多的视角和深度。

3. 处理突发情况能力

（1）保持冷静应对

突发情况往往会打乱原有的采访计划和方式，此时记者需要冷静应对，不慌不忙地调整采访策略，确保报道的顺利进行。

（2）调整采访计划和方式

根据突发情况的严重程度和影响范围，记者需要及时调整采访计划和方式。可能需要转移现场、寻找其他采访对象或者改变采访角度等，以应对突发情况带来的挑战。

4. 快速反应能力

（1）迅速做出反应和决策

现场报道往往面临着各种突发情况和意外状况，记者需要能够迅速做出反应和决策，应对各种挑战和困难。

（2）灵活应对各种情况

无论是人员聚集、意外事件还是突发状况，记者需要能够灵活应对，采取有效的措施确保报道的顺利进行。可能需要调整采访位置、更换采访对象或者暂时中断采访等,以确保安全。

二、实时反应与应对突发情况

在现场报道过程中,记者需要具备实时反应和应对突发情况的能力,以确保报道的顺利进行。以下是关于实时反应和应对突发情况的重要技巧和策略(图1-5)。

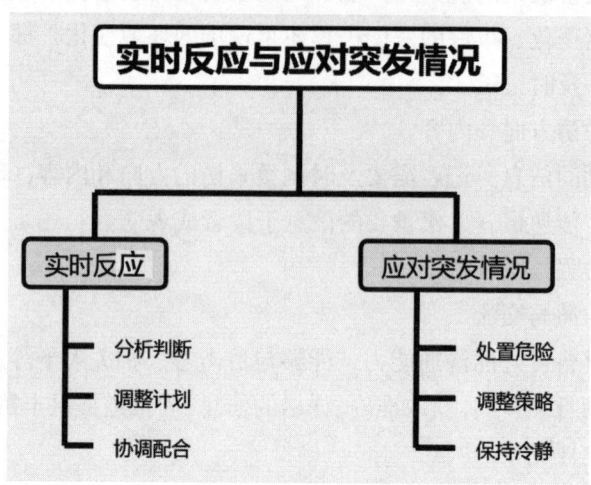

图1-5 实时反应与应对突发情况

(一)实时反应

实时反应能力是现场报道中至关重要的能力之一。记者需要能够在短时间内做出反应,并采取相应的行动:

1.分析判断

(1)迅速分析现场情况

记者在现场报道中需要具备快速而准确的分析能力,能够迅速理解并评估现场事件的发展趋势和可能造成的影响程度。通过观察和分析,记者可以更好地把握事件的关键信息,为后续的报道做好准备。

(2)判断事件严重程度和影响范围

在分析现场情况的基础上,记者需要准确判断事件的严重程度和可能的影响范围。这包括评估事件的紧急程度、可能导致的后果以及对公众的影响程度,为采取后续行动提供依据。

2.调整计划

(1)根据实际情况调整采访计划和方案

面对突发情况或意外事件,记者需要灵活调整原有的采访计划和方案,以适

模块一 广播电视新闻节目播报与主持

应新的情况和需求。可能需要调整采访对象、采访位置或采访方式等，确保报道能够及时准确地反映最新的情况。

（2）灵活安排工作步骤和流程

在现场报道过程中，记者需要灵活应对各种情况和变化，随时调整工作步骤和流程。可能需要重新安排工作人员的任务、调整报道的时间节点或修改报道的内容结构，以确保报道的顺利进行和及时发布。

3. 协调配合

（1）与团队成员进行有效协调

在现场报道中，记者通常需要与团队成员进行紧密合作，共同应对突发情况和挑战。记者需要与编辑、摄影师、摄像师等团队成员保持密切沟通，协调好各项工作，确保报道的准确性和时效性。

（2）与其他媒体机构进行有效配合

在某些情况下，现场报道可能涉及多个媒体机构的参与，记者需要与其他媒体机构进行有效配合，共同分享信息资源、协调报道行动。这需要记者具备良好的沟通能力和协调能力，能够建立起良好的合作关系，共同应对突发情况，确保报道的准确性和时效性。

（二）应对突发情况

应对突发情况是现场报道中的常见挑战之一。记者需要具备灵活应对突发情况的能力，应对各种突发情况通常采取的有效措施，包括以下几方面：

1. 处置危险

（1）保护自身安全

在突发危险事件发生时，保护记者自身的安全是首要任务。记者应该立即冷静应对，评估危险程度，并迅速采取必要的措施保护自己，包括迅速撤离危险现场、寻找避难地点或立即向相关部门报告现场情况等。

（2）遵循安全规定

记者在现场报道中应该严格遵守相关的安全规定和操作程序，做好自我保护。这包括佩戴必要的安全装备、注意现场的安全标识和警示信息、避免靠近危险区域等。

2. 调整策略

（1）根据突发事件的性质和影响调整报道策略

面对突发事件，记者需要根据事件的性质、影响范围和紧急程度等因素，及时调整报道策略和方式。可能需要改变采访对象、调整采访位置、修改报道内容结构等，以确保能够及时准确地报道事件的最新情况。

9

（2）确保及时准确报道

尽管面对突发情况，记者需要灵活调整策略，但也不能忽视报道的准确性和客观性。记者应该尽最大努力确保报道的客观性和公正性，避免因应急处理而影响报道的质量。

3.保持冷静

（1）冷静应对

在面对突发情况时，记者需要保持冷静、沉着应对，避免因慌乱而影响报道的准确性和客观性。记者应该始终保持专业的态度和稳定心态，保持清醒的思维和敏锐的观察力。

（2）妥善应对突发情况

无论遇到何种突发情况，记者都应该采取妥善的措施进行应对，避免出现情绪化的行为和言辞，保持冷静和理性，以确保报道的准确性和客观性。

三、信息收集、整理与发布技巧

在新闻报道中，信息的收集和整理是确保报道准确性和客观性的关键环节。以下是关于信息收集和整理的技巧和方法（图1-6）。

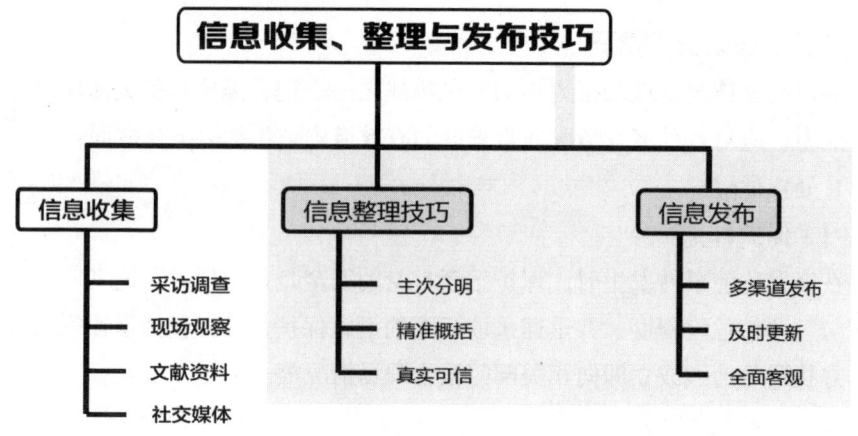

图1-6 信息收集、整理与发布技巧

（一）信息收集

信息收集是现场报道的重要环节之一。记者需要采取有效的方式和方法，获取准确、全面的信息：

1.采访调查

（1）采访目击者、当事人或相关专家

记者可以通过采访目击者、当事人或相关专家，获取事件的相关信息和见解。

这些人员可能能够提供事件发生的经过、细节和背景信息，为报道提供重要线索和素材。

（2）深入挖掘问题

在采访过程中，记者需要有针对性地提出问题，深入挖掘事件的本质和原因。通过与采访对象的交流和互动，可以获取更加全面和深入的信息，为报道提供更加准确和丰富的内容。

2. 现场观察

（1）利用观察力收集实时信息

记者可以利用自身的观察力，收集现场的实时信息和情况。通过观察事件现场的人员、环境和活动等，可以补充报道的细节和背景，为读者呈现更加真实和生动的画面。

（2）记录关键细节和变化

在现场观察的过程中，记者需要注意记录关键的细节和变化。这些细节可能包括人员的表情、言谈举止、环境的变化等，为报道提供丰富的素材和见解。

3. 文献资料

（1）查阅相关文献资料

记者可以查阅相关的文献资料、报道和统计数据，获取事件背后的更深层次的信息和解读。这些资料可能包括历史资料、专业报告、政府文件等，可以为报道提供更加全面和客观的视角。

（2）分析数据和趋势

通过分析数据和趋势，记者可以深入了解事件的背景和影响程度。这包括对统计数据、趋势分析和专家观点的综合评估，能够为报道提供更加客观和权威的信息支持。

4. 社交媒体

（1）关注社交媒体平台

记者可以关注社交媒体平台上的相关信息和评论，了解公众舆论方向和态度。这些社交媒体平台可能包括微博、Twitter、Facebook等，可以为报道提供丰富的内容和视角。

（2）收集公众反馈和观点

通过收集社交媒体上的公众反馈和观点，记者可以了解公众对事件的看法和态度。这些反馈和观点可能会为报道提供新的立场和角度，为报道提供更加全面和多元化的视角。

（二）信息整理技巧

信息整理是现场报道中的关键步骤之一。记者需要将收集到的海量信息进行归类整理，提炼出核心要点和关键内容。

1. 主次分明

（1）按重要程度和相关性进行排序和分类

记者应该将收集到的信息按照重要程度和相关性进行排序和分类，确定报道的主要内容和重点信息。重要的信息应该放在前面突出展示，次要的信息可以放在后面作为补充。

（2）确定报道的核心要点和关键内容

在整理信息的过程中，记者需要确定报道的核心要点和关键内容，确保报道主次分明，还应突出重点，避免在海量信息中迷失方向。

2. 精准概括

（1）对信息进行概括和总结

记者应该对收集到的信息进行概括和总结，提炼出关键的观点、数据和事件经过。通过简洁明了的语言，将复杂的信息进行概括，为报道提供清晰的线索和结构。

（2）提炼核心观点和要点

在整理信息的过程中，记者需要提炼出核心观点和要点，突出事件的关键内容和重要发现。这些核心观点和要点可以作为报道的主要内容，为读者提供准确、全面的信息。

3. 真实可信

（1）确保信息真实可信

记者在整理信息的过程中，应该确保所报道的信息真实可靠，避免引入虚假或未经证实的内容。只有真实可信的信息才能够维护报道的客观性和权威性，赢得读者和观众的信任和认可。

（2）核实数据和事实

在整理信息的过程中，记者应该核实数据和事实的准确性，确保所报道的内容符合事实真相。对于涉及的关键数据和重要事实，记者可以通过多方渠道进行核实，避免错误和失实报道的情况发生。

（三）信息发布

信息发布是现场报道的最终环节。记者需要选择合适的渠道和方式，将整理好的信息及时准确地发布出去。

1. 多渠道发布

（1）利用各种媒体平台和渠道

记者可以利用电视、广播、网络等多种媒体平台和渠道，将所要报道的信息传递给不同的受众群体。通过多渠道发布，可以覆盖更广泛的受众，提高信息的传播效果和影响力。

（2）针对不同受众选择合适渠道

在选择发布渠道时，记者需要考虑目标受众的特点，选择最适合的发布方式和平台。比如，针对年轻人群体可以选择在社交媒体平台发布，而针对老年人群体则可以选择在电视或广播等传统媒体上发布。

2. 及时更新

（1）随着事件的发展和信息的更新

随着事件的发展和信息的更新，记者需要及时更新报道内容，确保受众获取最新的信息和事件动态。这包括对报道内容的实时更新和修订，以及对事件进展的及时跟踪和报道。

（2）保持信息的时效性和准确性

在更新报道内容时，记者需要保持信息的时效性和准确性，确保报道内容与事实相符，避免出现错误和误导性的信息，对受众造成消极和不良影响。

3. 全面客观

（1）保持客观公正的立场

在发布信息时，记者应当保持客观公正的立场，避免主观臆断和个人情感对受众产生影响。报道应该客观公正地呈现事件的各个方面和各种观点，让受众自行判断和评价。

（2）确保报道的全面性和准确性

在发布信息时，记者需要确保报道的全面性和准确性，尽可能包括事件的各个方面和各种细节，避免遗漏重要信息或夸大事实，确保报道内容客观、准确、全面。

单元三　紧急事件播报处理与规范

一、紧急事件播报流程与原则

在面对紧急事件时，记者需要遵循一定的播报流程和原则，以确保信息的及时性、准确性和全面性（图1-7）。

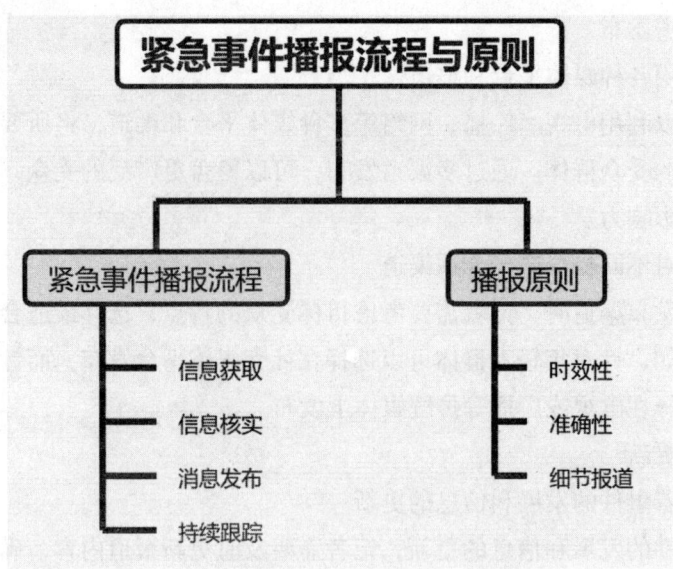

图 1-7 紧急事件播报流程与原则

（一）紧急事件播报流程

1. 信息获取

在紧急事件播报过程中，首要步骤是第一时间获取与事件相关的各项信息。这包括对事件发生地点、时间等方面的了解，为后续的报道提供基本的时间线和空间范围。同时，获取事件的性质和类型也至关重要。不同性质和类型的事件会使用不同的应对措施和报道方式，因此准确了解事件的性质和类型可以帮助记者更好地把握报道的重点和方向。此外，了解事件涉及的相关人员、组织或机构也是必要的。这些相关方可能是事件的当事人、目击者，或是执法部门、救援机构等。通过获取这些信息，记者可以更全面地了解事件的背景和影响，为报道提供更为丰富的内容和观点。因此，在紧急事件的播报过程中，及时获取准确的事件相关信息是确保报道准确性和时效性的关键一步。

2. 信息核实

在信息获取后，记者需要对所获得的信息进行核实，确保其真实性和准确性，以避免传播虚假或不实信息。这一步骤至关重要，可以通过以下方式进行：

（1）核实信息的来源

记者需要确认信息的来源是否可靠，优先选择权威的消息来源和渠道。这些信息来源渠道可能包括政府部门、官方机构、知名媒体等，其提供的信息通常具有较高的可信度和权威性。

模块一　广播电视新闻节目播报与主持

（2）进行交叉验证

这意味着不仅仅依靠单一来源获取信息，而是通过多个独立的渠道获取信息，然后对比、验证信息的一致性和相互印证性。这样可以有效地排除单一渠道信息可能存在的偏差或误导，提高信息的准确性和可信度。

（3）注意排除不实信息和谣言

避免误导受众和造成不必要的恐慌。在信息核实的过程中，记者需要特别注意辨别和排除不实信息、谣言和误导性信息，以确保报道的真实可信。这可以通过进一步的调查、求证，以及与权威机构或专家联系和确认来实现。

3. 消息发布

确认信息准确后，记者需要以及时、准确的方式向受众发布消息，提醒和警示受众注意安全。在消息发布过程中，以下几点尤为重要：

首先，准确传递信息是关键。记者应以简明扼要的语言准确传递事件的发生情况和相关警示信息。这意味着要尽可能清晰地概括事件的基本情况，包括事件的性质、时间、地点以及可能的影响范围。同时，也要确保所传递的信息真实可靠，避免引入不准确或不实的内容，以维护报道的准确性和可信度。

其次，提醒警示是不可或缺的。在消息中，记者应当提醒受众注意安全，并采取必要的预防措施，以减少事件可能带来的风险和影响。这可能包括呼吁听众远离事发地点、避免前往现场、听从官方指引等建议，从而保障受众的安全和利益。

最后，消息发布过程中需要考虑到受众的特点和需求。记者应当采用清晰简洁、易于理解的语言，避免使用过于专业化或晦涩的术语，以确保信息能够被广大受众所理解和接受。同时，也要考虑到受众的心理状态和情感需求，在传递警示信息的同时，给予受众一定的安抚和引导，以缓解他们的紧张和恐慌情绪。

4. 持续跟踪

紧急事件的报道不仅局限于一时，而是需要记者持续跟踪事件的进展和情况，及时更新报道内容，向受众传递最新信息。这一过程包括以下几个方面：

首先，持续报道是记者的重要任务之一。记者需要随时关注事件的最新动态，及时了解和掌握事件的发展情况，以便及时更新报道内容。这包括对事件的后续发展、相关人员的反应、应对措施的执行情况等方面的跟踪报道，确保报道的时效性和完整性。通过持续报道，记者可以为受众提供全面、深入的报道，帮助他们更好地了解事件的发展和影响。

其次，跟进调查是深入报道的重要环节。除及时报道事件的最新进展外，记

15

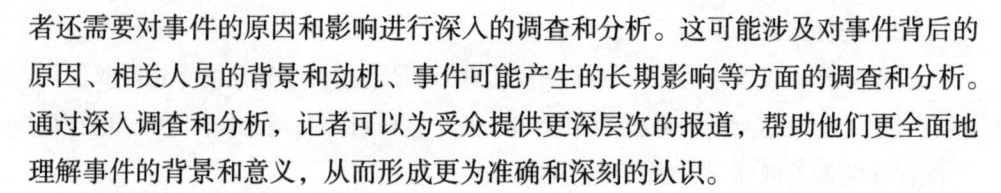

者还需要对事件的原因和影响进行深入的调查和分析。这可能涉及对事件背后的原因、相关人员的背景和动机、事件可能产生的长期影响等方面的调查和分析。通过深入调查和分析，记者可以为受众提供更深层次的报道，帮助他们更全面地理解事件的背景和意义，从而形成更为准确和深刻的认识。

（二）播报原则

播报原则是指在新闻报道和播报过程中应该遵循的基本原则，以确保报道的质量和可信度。以下是播报原则的具体内容：

1.时效性

在第一时间向受众发布消息，确保受众及时了解事件情况。这意味着记者需要以最快的速度收集、整理和发布消息，尽可能缩短消息发布的时间间隔，以满足受众对新闻的迫切需求。在播报中要注重时间性，准确报道事件的发生时间、地点和相关情况，确保信息的时效性和可信度。

2.准确性

播报信息要准确无误，避免错误和不实的报道，维护新闻媒体的公信力。这意味着记者在收集、核实和发布信息时要严格把关，确保报道的准确性和可信度。在播报过程中要注意避免主观性的评价和偏见，客观公正地报道事件的发生经过和影响，不夸大事实，不随意猜测，以维护新闻报道的客观性和公正性。

3.细节报道

尽可能提供事件的详细信息和背景资料，让受众全面了解事件的全貌和影响。这意味着记者在报道中要尽可能提供丰富的细节和背景信息，包括事件的起因、经过、影响以及相关人物和机构的背景等，以帮助受众深入了解事件的内在逻辑和背景。

在报道过程中要注重报道的全面性和深度，不是简单地报道事件的表面现象，而是要深入挖掘事件的内在原因和影响，以提供更为深入的报道和分析。

二、应对紧急情况的冷静与应变能力

面对突发的紧急情况，记者需要保持冷静，并具备应变能力，以有效地处理各种挑战和困难（图1-8）。

模块一　广播电视新闻节目播报与主持

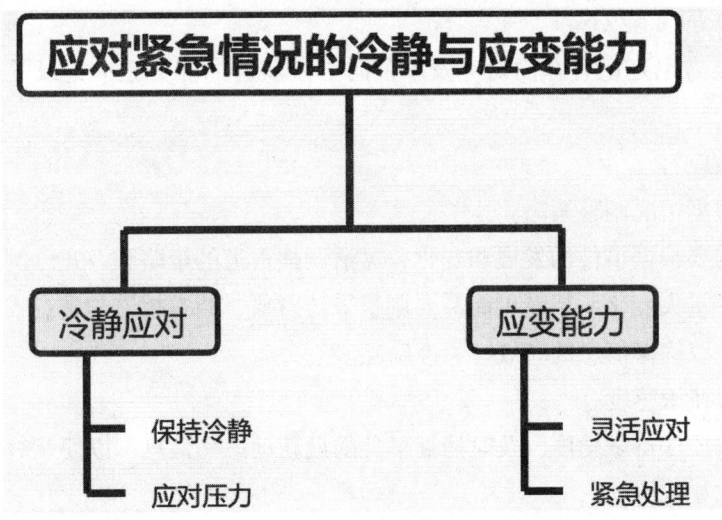

图 1-8　应对紧急情况的冷静与应变能力

（一）冷静应对

冷静应对是记者在面对突发事件时必须具备的重要能力，以下是其具体的内容：

1.保持冷静

（1）心态平和

记者应该在面对突发事件时保持冷静，不受情绪影响，保持平和的心态。这样能够帮助记者更好地应对紧急情况，避免因情绪波动而影响报道的客观性和准确性。

（2）专业素养

专业的记者应该具备应对突发事件的能力，不被恐慌和情绪所左右，而且应该凭借冷静的头脑和丰富的经验来应对突发事件，确保报道的准确性和时效性。

2.应对压力

（1）保持清醒

在面对紧急情况时，记者需要保持头脑清醒，不被外界的压力和紧张情绪所干扰，保持敏锐的观察力和判断力。

（2）应对困难

记者在报道过程中可能面临各种困难和挑战，如时间紧迫、信息不足、环境恶劣等，但是记者需要保持乐观的心态和坚定的态度，克服困难，全力以赴完成报道任务。

（二）应变能力

应变能力也是记者在面对突发事件时必须具备的能力之一，以下是具体的内容：

1. 灵活应对

（1）根据情况调整策略

记者需要根据事件的发展和变化，灵活调整报道的策略和方式。例如，如果事件发生了重大变化，记者可能需要调整采访对象、调整报道的重点或者调整报道的形式，以确保信息的时效性和准确性。

（2）保持敏感度

记者需要保持敏感度，及时捕捉事件的最新动态和信息，以便及时调整报道策略和采取相应行动。

2. 紧急处理

（1）迅速做出决策

在紧急情况下，记者需要迅速做出决策，采取有效措施保证报道的顺利进行。例如，在面对突发事件时，记者可能需要迅速决定是否前往现场采访、采取哪种采访方式、如何保障自身安全等。

（2）应急应对

记者需要具备应急应对的能力，能够在紧急情况下迅速采取有效措施以应对突发事件，确保报道的准确性和及时性。

思考题

1. 在进行新闻节目播报时，你认为最重要的播报技巧是什么？为什么？
2. 现场报道需要具备哪些特定的技能和素养？请列举并解释其重要性。
3. 在紧急事件播报中，播音主持人应该遵循哪些规范和流程？为什么这些规范和流程很重要？

模块二　文艺节目主持

单元一　大型文艺晚会主持技巧与策划

一、晚会主持角色与责任

在晚会主持角色与责任中，主持人的定位与任务不仅体现了其在大型文艺晚会中的重要性，还需承担起维护活动秩序、确保观众参与度以及展现活动形象等多重责任（图2-1）。

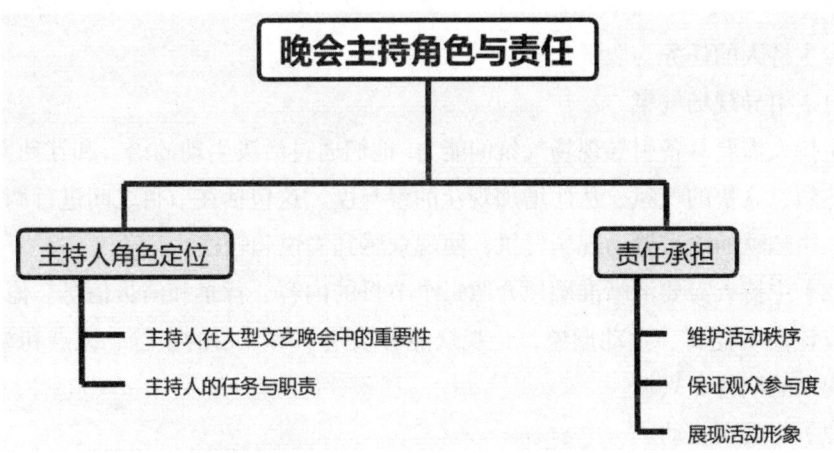

图2-1　晚会主持角色与责任

（一）主持人角色定位

1. 主持人在大型文艺晚会中的重要性

主持人在大型文艺晚会中扮演着至关重要的角色，他们不仅是节目的引导者，更是整个活动的核心和灵魂。在晚会中，主持人肩负着多项重要责任，其重要性体现在以下几个方面：

首先，主持人是晚会的引导者和组织者，他们的存在和表现直接影响着晚会的进行和演出效果。主持人需要在舞台上保持自信大方、流畅自然地表现，引导现场气氛，掌控节目的节奏和氛围，使整个晚会具有高度的凝聚力和吸引力。他们通过自身的语言和动作，引导观众投入到晚会的氛围中去。

其次，主持人与观众之间的互动是晚会的重要环节之一。主持人需要与观众进行有效地互动，包括与他们交流、引导他们参与节目、回应他们的反馈等。通过与观众的互动，主持人可以增强观众的参与感和亲切感，拉近与观众之间的距离，使晚会更加生动和丰富。

再次，主持人还负责介绍节目内容和嘉宾，并与其他演员、工作人员进行配合，确保节目的顺利进行。主持人需要熟悉节目内容和流程，准确地介绍每个节目的背景和亮点，为观众提供丰富的观赏体验感。同时，主持人需要与其他工作人员密切合作，保持良好的团队协作，确保整个晚会的顺利进行。

最后，主持人的舞台表现和情绪调控能力直接影响着晚会的效果和观众的体验感。需要主持人具备良好的表达能力和情绪管理能力，能够应对各种情境和突发事件，保持冷静、沉着，确保晚会的顺利进行。主持人的舞台表现不仅要生动活泼，还要富有魅力和感染力，能够吸引观众的注意力，让他们沉浸在晚会的氛围中。

2. 主持人的任务与职责

（1）引导现场气氛

主持人需要具备引导现场气氛的能力。他们通过活泼生动的语言和互动方式，营造热烈、欢快的气氛，从而增加观众的参与度。这包括在节目之间进行调侃和互动，用幽默的语言调动现场气氛，使观众感到愉悦和轻松。

（2）主持人需要清晰准确地介绍每个节目的内容、背景和演员信息。他们的介绍应该简明扼要、生动形象，让观众能够快速了解节目的主题、亮点和意义，增加观众的期待和兴趣。

（3）与观众互动

主持人还需要与观众建立良好的互动关系。这包括与观众交流、回答问题、引导互动游戏等，增强观众的参与感和亲近感。良好的互动关系可以拉近主持人与观众之间的距离，使观众更加投入到晚会中来。

（4）控场能力

在意外情况发生时，如突发故障或意外事件，主持人需要保持冷静、果断地处理，稳定现场秩序，迅速做出正确的决策，并采取有效的措施，确保晚会的顺利进行。

（二）责任承担

1. 维护活动秩序

（1）提前了解活动流程和安全措施

主持人在维护活动秩序时，首要的责任是提前了解活动的流程和相关安全措施。通过深入了解活动议程、节目安排以及可能出现的风险点，主持人可以事先做好充分准备，确保节目活动进行有条不紊。同时，主持人还应熟悉应急处理程序和应急求救方式，以便在突发情况下迅速采取行动，保障现场的秩序和安全。

（2）保持警觉，及时制止混乱行为

在活动现场，主持人需要始终保持警觉，随时关注观众的动向和现场的氛围变化。一旦发现观众出现推挤、高声喧哗、闯入舞台等可能影响秩序的行为，主持人应当果断予以制止，并及时采取必要的措施，平息局势，避免事态扩大。主持人的态度要坚决而又稳重，能够有效地约束观众的行为，维护整个活动的正常进行。

（3）与安保人员配合

为了更好地维护活动秩序，主持人需要与安保人员密切配合，共同维护现场的安全和秩序。主持人应了解安保人员的职责和指示，听从其指挥和安排，积极配合安保人员处理各类突发事件。在发生紧急情况时，主持人可以及时寻求安保人员的帮助和支持，共同应对危机，确保现场的安全和秩序。

2. 保证观众参与度

（1）设置互动环节

主持人可以在活动中安排一些互动环节，通过游戏、问答或互动表演等形式，引导观众积极参与。这些互动环节可以增强观众的兴趣和投入度，并激发他们的分享和参与热情。同时，主持人也需要适时给予观众指导和鼓励，确保互动环节的顺利开展。

（2）举办奖品抽奖活动

奖品抽奖活动是吸引观众参与的有效方式之一。主持人可以在活动中设置奖品抽奖环节，设立各种有吸引力的奖品，如纪念品、现金券等，以激发观众的积极性和参与度。在抽奖活动中，主持人可以借助幽默风趣的口才和灵活的互动形式，增加观众的参与感和期待感。

（3）与观众进行互动沟通

主持人应该与观众保持互动沟通，营造轻松愉悦的氛围，使观众愿意融入活动中去。主持人可以通过微笑、眼神交流等肢体语言表达友好和亲近，与观众建立良好的情感连接。在适当的时候，主持人可以与观众进行简单的问候、互动提问等，与观众实时互动，增强参与感。此外，主持人还可以鼓励观众分享自己的观点和经验，使他们成为活动的一部分。

3.展现活动形象

（1）仪表端庄，言谈举止得体

作为活动的代表，主持人需要注重仪表端庄，言谈举止得体。主持人应该根据活动的性质和要求，选择合适的服装和妆容，以展现出专业和端庄的形象。同时，主持人的言谈举止也应符合礼仪要求，注意控制语速、音量和表达方式，保持亲和而专业的态度，给观众留下良好的印象。

（2）展示专业素养和知识水平

主持人作为活动的引导者和信息传递者，需具备较强的话语表达能力和控场能力。主持人需要精准、流畅地表达思想，清晰地引导观众，使活动内容易于理解和接受。此外，主持人还要有一定的产品或事件知识，并能够根据活动的主题和要求，提供相关的资讯和背景信息，以增强活动的专业性和可信度。

（3）吸引观众目光，传递活动精彩与价值

主持人应具备吸引观众目光的能力，以展现魅力和吸引力。主持人可以通过独特的声音、姿势和肢体语言，吸引观众的注意力，使其专注于活动的内容。同时，主持人还应善于运用幽默风趣的口才和演讲技巧，使观众感到愉悦和享受，从而更好地传递活动的精彩和价值。

二、节目策划与流程设计

在进行节目策划与流程设计时，主持人需要仔细考虑节目形式与内容选择、节目主题与风格等方面，同时与节目制作团队合作，合理安排节目流程，并考虑如何增加互动与介绍环节，以确保整个节目的流畅性和吸引力（图2-2）。

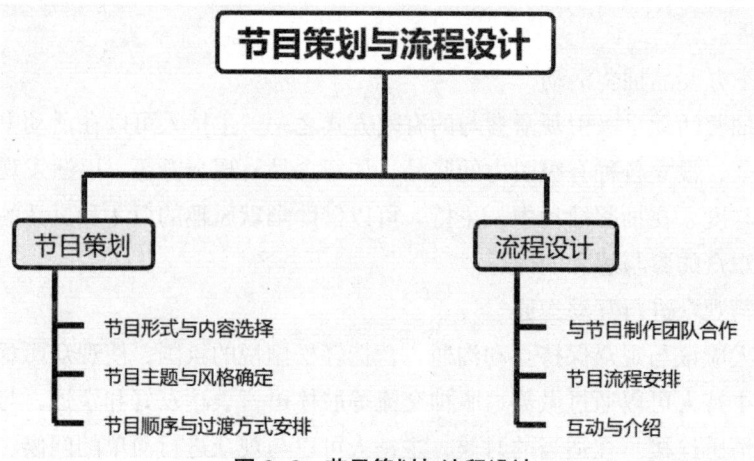

图2-2 节目策划与流程设计

（一）节目策划

1. 节目形式与内容选择

（1）确定适合的节目类型

主持人在节目策划中扮演着重要的角色，需要参与节目形式和内容的选择。根据晚会的主题和受众的喜好，主持人应当与制作团队共同确定适合的节目类型。这包括但不限于歌舞表演、情景剧、小品、相声等不同形式的节目。主持人应深入了解目标观众的喜好兴趣，选择能够引起他们共鸣和热情的节目类型，确保晚会的观赏性和娱乐性。

（2）确保节目内容多样化、吸引人

除了确定适合的节目类型，主持人还应着重关注节目内容的选择。节目内容应当多样化、新颖并且具有吸引力，以满足不同观众群体的需求。主持人可以与节目制作团队密切合作，共同策划和挑选具有创意和亮点的节目内容，从音乐、舞蹈、戏剧等多个方面进行组合，使整个晚会节目丰富多彩，让观众耳目一新。

（3）吸引不同年龄和兴趣的观众参与

通过选择多样化、具有吸引力的节目形式和内容，主持人可以吸引不同年龄和兴趣的观众参与进来。主持人在节目策划中应当考虑到观众的多样性和个性化需求，尽可能设计出能够引发观众情感共鸣和参与热情的节目内容。同时，主持人在现场的表现和导向也将直接影响观众的体验和参与度，因此主持人需要在培训和准备中充分考虑如何激发观众的热情，带动整场晚会的氛围。

2. 节目主题与风格确定

（1）确定符合观众兴趣的主题

主持人与节目制作团队共同确定晚会的主题至关重要。主持人在选择主题时，应当深入了解受众的兴趣和喜好，选择能够引起他们共鸣的主题。主题的选择应当考虑到观众的年龄、兴趣爱好及文化背景等因素，确保主题符合观众的兴趣和期待，使整个晚会更具吸引力。

（2）关注当下的热门话题

随着时代的不断变迁，当下的热门话题往往具有引人关注的特点。主持人与节目制作团队应当挖掘当下的热门话题，结合时事热点，在节目内容中融入相关元素，以增强观众的共鸣和关注。通过关注热点话题，主持人可以使晚会与时俱进，引领潮流，提升晚会的思想性和吸引力。

（3）确保整体统一，风格相互呼应

在确定节目主题与风格时，主持人与节目制作团队需要保证整体统一，确保

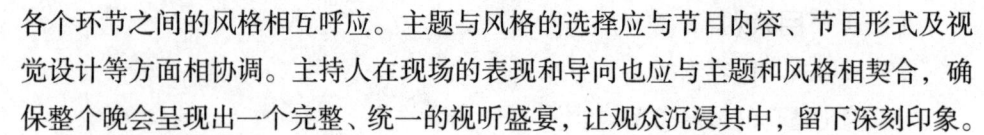

各个环节之间的风格相互呼应。主题与风格的选择应与节目内容、节目形式及视觉设计等方面相协调。主持人在现场的表现和导向也应与主题和风格相契合，确保整个晚会呈现出一个完整、统一的视听盛宴，让观众沉浸其中，留下深刻印象。

3.节目顺序与过渡方式安排

（1）合理安排节目顺序

主持人在与制作团队协商确定节目的先后顺序时，应根据节目的性质和氛围进行合理安排。通常情况下，可以首先安排开场节目来吸引观众的注意力，然后逐渐加大节目的亮点和难度，最后达到高潮。同时应考虑节目之间的相互关联性，避免剧烈的风格跳跃，确保整体晚会节奏紧凑，令观众情绪有所起伏，增加观赏体验的层次感。

（2）设计合适的过渡方式

在节目过渡方面，主持人需要设计合适的过渡方式，确保整个晚会在节目衔接和转场过渡上流畅自然。过渡方式可以包括但不限于台词串联、音乐过渡、视频短片播放等多种形式。主持人在过渡时可利用幽默诙谐的台词或轻松愉快的表现来缓解观众的疲劳感，同时可以通过音乐的选择和灯光效果的调整来营造不同的氛围，使观众在节目之间的过渡中感到愉悦和轻松。

（3）确保节目连贯性和专业感

良好的节目顺序和过渡方式可以提升观众的观赏体验，并使整个晚会更具连贯性和专业感。主持人在工作中要与制作团队密切协作，确保节目之间的衔接顺畅，过渡自然，避免出现尴尬或突兀的情况。主持人还应在现场操控和节目导向上把握好节奏和气氛，适时调节节目之间的紧张感和放松感，引导观众情绪，使整个晚会达到预期效果。

（二）流程设计

1.与节目制作团队合作

（1）了解节目的内容和流程安排

作为主持人，与节目制作团队密切合作非常重要。主持人需要及时与制作团队进行沟通，了解每个节目的内容和流程安排。主持人可以与制作团队共同讨论每个节目的主题、形式、演出时间等细节，以便在主持过程中准确把握节目的走向和重点。

（2）参与节目讨论和设计

主持人应积极参与节目的讨论和设计过程。可以提出自己对节目内容和形式的建议和意见，给予制作团队创意和灵感。主持人可以根据自身的专业知识和经验，分享自己的想法和观点，提升节目的质量和观赏性。

（3）共同制订流程方案

主持人与制作团队可以共同制订节目的流程方案。主持人需要了解每个节目之间的过渡和衔接方式，确定节目之间的时间安排，并与制作团队密切配合，落实相关安排。通过与制作团队的紧密合作，主持人可以更好地把握整个节目的整体视野，确保活动的顺利进行和成功举办。

2.节目流程安排

（1）开场致辞

在整个晚会的流程安排中，主持人首先要确定开场致辞的时间和内容。开场致辞是晚会的重要环节，主持人可以通过热情洋溢的言辞迎接观众，介绍晚会的主题和目的，为整个活动设定一个良好的氛围和基调。

（2）节目顺序安排

主持人需要按照时间顺序将所有书目有机地串连起来。通过合理规划节目的顺序，可以确保整个晚会的节奏紧凑，观众不会感到枯燥或疲惫。主持人可以考虑在不同节目之间设置适当的过渡时间，让观众有时间休息、交流和准备下一场节目。同时，要注重节目之间的连贯性和呼应，使整个晚会流畅自然。

（3）过渡时间安排

在节目流程中，主持人还应考虑设置适当的过渡时间。这些过渡时间可以用来调整舞台布景、更换演员服装、播放视频短片等，以保证节目之间的衔接顺畅。主持人可以在过渡时间内与观众互动，介绍即将上演的节目内容，增强观众对节目的期待和参与感。

3.互动与介绍

（1）设计互动环节

主持人可以在晚会流程中预留适当的时间与观众互动，以增强观众的参与感。可以设计一些简单有趣的互动环节，如观众提问、投票或小游戏等。通过这些互动环节，让观众积极参与、互相交流和分享，从而增强晚会的互动效果和娱乐性。

（2）引导现场气氛

主持人在互动中要善于引导现场气氛。可以利用幽默风趣的言辞和互动方式来调动观众的情绪，营造轻松和欢快的氛围。主持人可以与观众进行互动对话、调动观众的热情，使观众感受到自己的参与价值和活动的欢乐氛围。

（3）介绍节目内容和演出者信息

主持人在晚会中还需要负责介绍每个节目的内容、演出者信息，以帮助观众对节目有更深入地了解。主持人可以采用简洁明了的语言，重点突出每个节目的特点和亮点。同时，也要注意给予演出者应有的赞扬和鼓励，为他们的精彩表演表示感谢。

三、舞台表现与情绪调控

在舞台表现与情绪调控方面，主持人需要不仅展现自信大方的舞台风格，还要保持主持台词的流畅自然，同时灵活多变地运用表情和动作。除此之外，积极向上的态度和处理意外情况的能力也是至关重要的（图2-3）。

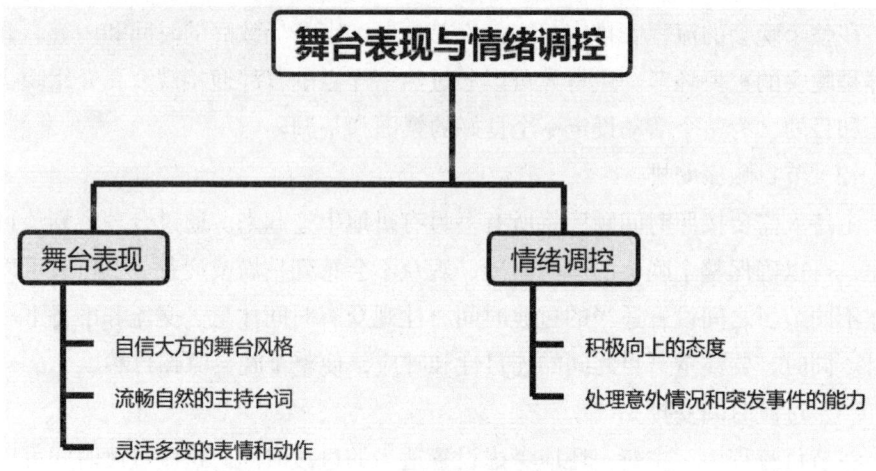

图 2-3　舞台表现与情绪调控

（一）舞台表现

1. 自信大方的舞台风格

主持人在舞台上展现出自信、大方的台风至关重要，这种风格不仅能够提升主持人的表现魅力，还能够赢得观众的信任和尊重。自信是主持人在舞台上展现出的一种内在力量，它让主持人显得从容不迫，毫无羞涩，从而吸引观众的目光。一个自信的主持人能够散发出一种独特的魅力和气场，让观众产生共鸣和对主持人的钦佩。

在舞台上展现大方的风格也是主持人必须具备的特质之一。大方不仅指的是外表的得体与优雅，更重要的是主持人在言谈举止中彰显出的气度与慷慨。一个大方的主持人会以礼貌的态度对待观众和嘉宾，展现出亲切、友好的形象，让在场的每个人都感受到温暖和舒适。通过展现大方的风范，主持人可以营造出轻松愉快的氛围，让观众放松心情、享受节目，从而提升整个活动的氛围和趣味性。

在实际操作中，主持人可以通过多种方式来展现自信大方的舞台风格。首先，主持人要有充分的准备和自信的心理建设，提前熟悉节目内容、了解观众喜好，确保能够应对各种突发情况。其次，在言谈举止中展现出的从容和风度也是关键，言语得体、举止优雅，既能展现自信，又能展现大方。此外，主持人要注意细节，比如服装搭配、仪态举止等，都能从侧面体现主持人的自信和大方。

2.流畅自然的主持台词

主持人在舞台上时，流畅自然的主持台词是至关重要的。通过清晰准确地表达，主持人能够展现出他们的专业度和表现力，为整个活动增添亮点和魅力。一段流畅自然的主持台词能够拉近主持人与观众之间的距离，营造出和谐愉悦的氛围，增强观众的参与感和互动性。

主持人在台上的主持词应该简洁明了、内容精准、语言流畅。主持人可以通过轻松幽默的开场白，迅速吸引观众的注意力，建立起与观众的互动和共鸣。接着，主持人需要清晰地介绍节目内容、演出者信息等，确保观众对整个活动有清晰的认知和期待。在节目过程中，主持人的引导词也至关重要，他们需要灵活掌握现场氛围，及时调整语气和节奏，引导观众情绪，使整个活动的节奏感和紧凑度达到最佳状态。

一位出色的主持人不仅能够熟练运用口才和表达技巧，还能在不经意间展现出个人魅力和温暖。通过与观众的交流互动，主持人能够打破舞台与观众之间的隔阂，让整个活动变得更加生动和精彩。主持人还要具备应变能力，在面对突发情况时能够镇定自若，即兴发挥，以确保活动的顺利进行。

3.灵活多变的表情和动作

主持人的表情和动作在舞台上起着非常重要的作用，它们能够传递情感和信息，与观众建立更加紧密的情感联系。灵活多变的表情和动作不仅可以增强主持人的表现力，还能够提升晚会的互动性和趣味性，让观众更加投入和享受整个活动。

首先，主持人的表情是与观众直接交流的重要方式之一。通过微笑、眼神交流等，主持人能够传达友好和温暖，与观众建立起良好的情感连接。在适当的时候，主持人可以运用面部表情来表达喜悦、惊讶、调侃等情绪，从而引发观众的共鸣和笑声。

其次，主持人的动作也是表达情感和信息的重要手段。主持人可以利用肢体语言来增强说话的力度和效果，如手势、姿势等。适当的身体动作不仅能够吸引观众的注意力，还能够让观众更好地理解和感受主持人表达的内容。主持人还可以运用走动、站立位置的变换等动作技巧，来调整节目的节奏和氛围，增加观众的参与感。

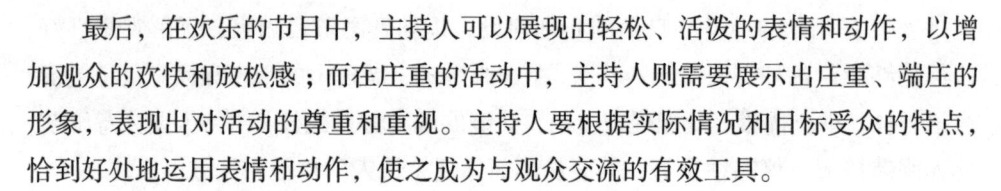

最后，在欢乐的节目中，主持人可以展现出轻松、活泼的表情和动作，以增加观众的欢快和放松感；而在庄重的活动中，主持人则需要展示出庄重、端庄的形象，表现出对活动的尊重和重视。主持人要根据实际情况和目标受众的特点，恰到好处地运用表情和动作，使之成为与观众交流的有效工具。

（二）情绪调控

1. 积极向上的态度

（1）主持人的乐观态度

主持人在舞台上展现积极向上的态度是其重要品质之一。保持乐观积极的心态有助于引发观众的共鸣和情感连接，为晚会带来愉快和充满活力的氛围。主持人应该以阳光、正能量的形象示人，传递自信、乐观的态度，让观众感受到正能量的感染力，增强活动的互动性和吸引力。

（2）展现自信与热情

主持人在舞台上展现自信和热情是营造积极向上氛围的关键。自信的表现能够让观众对主持人产生信任感，而热情则能够感染和激励观众。主持人在与观众互动和介绍节目时，要表现出坦然自信和真诚热情，与观众建立良好的互动关系，使得整个晚会更具吸引力和参与感。

（3）正面思维与灵活应变

积极向上的态度还包括正面思维和灵活应变能力。主持人要学会积极看待问题和挑战，在面对突发状况时保持冷静，迅速做出应对措施。同时，灵活应变的能力能够让主持人在不同情境下运用适当的语言和表情，保持现场的活跃和流畅，让观众感受到主持人的专业和周到。

2. 处理意外情况和突发事件的能力

（1）保持冷静和沉着

主持人在面对意外情况和突发事件时需要保持冷静和沉着的态度。他们应该训练自己在紧急情况下保持清醒思考，不被情绪所左右，以便能够快速作出正确的决策和行动。

（2）迅速做出反应和决策

主持人需要具备迅速做出反应和决策的能力。当出现意外事件时，他们应该能够迅速评估情况、明确任务、分配资源，并与团队密切合作，进行有效的协调和安排，以确保紧急情况得到妥善处理并最小化可能产生的影响。

（3）接受相关应急处理培训

为了应对意外情况和突发事件，主持人应接受相关的应急处理培训。这些培训可以提供应对紧急情况的基本知识和技能,使主持人了解应对突发事件的流程和方式。通过培训,主持人可以提前预见潜在的风险,掌握应对策略,在关键时刻能够做出有效的决策。

(4)确保活动的顺利进行和参与者的安全

主持人在处理意外情况和突发事件时,需要以活动的顺利进行和参与者的安全为首要目标。他们应始终关注参与者的安全,并在紧急情况下采取适当的措施,如引导参与者有序撤离、寻求专业人士的帮助等,保证活动的顺利进行和参与者的安全。

单元二　综艺节目主持能力培养与互动引导

一、综艺节目主持特点与技巧

在综艺节目中,主持人需要具备一系列特定的特点和技巧,以确保节目的顺利进行并吸引观众的关注(图2-4)。

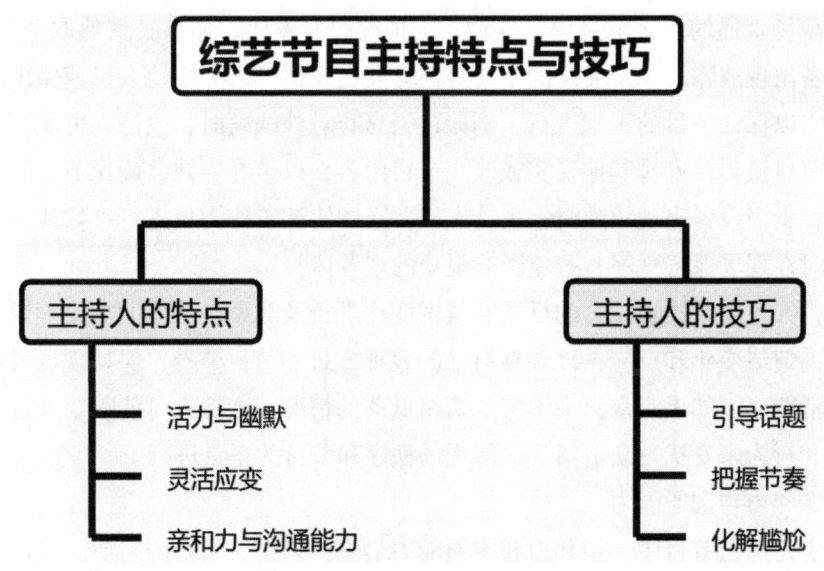

图2-4　综艺节目主持特点与技巧

(一)主持人的特点

1. 活力与幽默

主持人的活力和幽默是塑造一个成功综艺节目的关键要素。他们的活力和幽默直接影响着观众的观感和节目的吸引力。精力充沛的主持人能够以积极向上的态度出现在舞台上，为观众带来一种充满活力和生机的感觉。他们的精力旺盛、动作轻快，能够给人一种强烈的视觉冲击，从而引起观众的注意和兴趣。同时，活力充沛的主持人在与嘉宾和观众的互动中也能展现出自己的魅力，吸引观众的注意力，使节目更加生动有趣。

除活力之外，幽默感也是主持人必备的重要素质。具备幽默感的主持人能够以幽默风趣的语言和表情调节现场气氛，为节目增添了一抹亮丽的色彩。他们善于运用幽默的语言和幽默的行为，将场上的紧张气氛化解成欢乐的笑声。幽默不仅能够让观众在笑声中度过愉快的时光，还能够拉近主持人与观众之间的距离，增强观众的亲切感和参与感。一位幽默的主持人能够给观众留下深刻的印象，使节目更加具有吸引力和竞争力。

2. 灵活应变

主持人在大型综艺节目中扮演着至关重要的角色，他们需要具备灵活应变的能力，以应对各种意外情况和突发事件，确保节目的顺利进行。这种灵活应变的能力不仅是对节目内容和表现方式的调整，更是对现场状况和观众反馈的即时反应和处理。

在现场直播的综艺节目中，各种意外情况时有发生，如嘉宾突然取消出演、音响设备出现故障、观众突发的不安等。这些突发情况需要主持人迅速做出反应和决策，以保证节目的正常进行。例如，当嘉宾意外缺席时，主持人可能需要临时调整节目流程，安排其他嘉宾或改变节目内容，以填补空缺并确保节目的连贯性。又如，当设备出现故障时，主持人需要立即协调工作人员进行维修或更换设备，同时在现场保持秩序，避免影响观众的观看体验。

主持人还需要根据观众的反馈和氛围变化进行及时调整。他们需要敏锐地捕捉观众的情绪变化和反应，以调整自己的表现方式和节目节奏，保持现场气氛的热度和活跃度。如果观众出现不安或情绪低落的情况，主持人可能需要通过适当的言语和行为来安抚观众情绪，保持现场秩序和节目的正常进行。

3. 亲和力与沟通能力

在主持综艺节目中，亲和力和沟通能力是主持人至关重要的特质。这两个特点的结合不仅可以帮助主持人与嘉宾和观众建立起密切的联系，还能够促进节目的互动和交流，从而提升节目的吸引力和影响力。

首先，良好的亲和力使主持人更具亲和力和亲切感，使观众和嘉宾更容易接近和信任。主持人应该展现出友好和温暖的形象，用热情的态度和真诚的笑容来迎接嘉宾和观众，从而让他们感受到被尊重和受欢迎。这种亲和力能够促进互动和交流的开展，营造出和谐愉悦的节目氛围，让观众产生更强的参与愿望。

其次，优秀的沟通能力是主持人必备的重要素质之一。主持人需要以清晰、流畅的语言与嘉宾和观众进行有效地沟通，使信息传达准确、明了。此外，主持人还应该具备良好的倾听能力，能够倾听并理解嘉宾和观众的意见和想法，积极回应他们的提问和反馈，建立起良好的沟通互动关系。通过有效的沟通，主持人可以更好地引导节目的进行，促进嘉宾和观众之间的交流和互动，使节目内容更加丰富多彩，观众得到更多的启发和享受。

亲和力和沟通能力是主持人在综艺节目中取得成功的关键因素之一。这两个特质的发挥不仅可以提升主持人自身的魅力和影响力，还能够推动节目的发展和完善，为观众带来更加丰富和愉悦的观赏体验。

（二）主持人的技巧

1. 引导话题

主持人在引导话题方面扮演着至关重要的角色，他们的技巧和能力直接影响着节目的质量和效果。引导话题不仅需要善于提问和讨论，还需要主持人具备良好的沟通能力、洞察力和较高的情商，以确保节目的流畅和吸引力。

首先，主持人应该具备良好的沟通能力，能够清晰、准确地表达自己的想法和观点，并能够倾听和理解嘉宾和观众的意见和反馈。通过与嘉宾和观众之间的交流，主持人可以更好地了解他们的想法和感受，从而更好地引导话题的发展方向和深度。

其次，主持人需要具备敏锐的洞察力，能够准确把握话题的重点和关键，及时发现话题的发展趋势和亮点，并加以引导和强调。主持人应该能够从嘉宾和观众的言行举止中捕捉到关键信息，灵活地运用这些信息来推动话题的发展，使节目内容更加丰富多彩，吸引观众的注意力。

最后，主持人还需要具备较高的情商，能够在引导话题的过程中灵活应对各种情况和挑战。他们应该能够处理好嘉宾之间的关系，化解可能出现的矛盾和冲突，确保节目的和谐和平衡。同时，主持人还需要在引导话题时考虑到观众的喜好和需求，确保节目内容能够吸引观众的兴趣和参与度。

2. 把握节奏

主持人在节目中把握节奏是确保整个节目顺利进行的关键之一。他们需要具备一定的能力和技巧，以确保节目的时间和速度得以控制，使节目不拖泥带水或过于仓促。把握节奏需要主持人综合考虑多方面因素，并在节目进行中灵活调整，以确保整体效果达到最佳状态。

首先，主持人需要根据节目的整体规划和安排，对节目的时间进行合理安排。他们应该清楚地了解每个节目环节的时长和顺序，以及整体节目的时间分配情况。在节目进行中，主持人需要时刻关注节目的时长，及时调整节目的节奏，确保各个环节能够在规定的时间内完成，避免节目时间过长或过短的情况发生。

其次，主持人需要根据现场气氛和观众反馈，灵活调整节目的速度和节奏。在节目进行中，主持人应该密切关注观众的反应和情绪变化，根据观众的反馈及时调整自己的表现方式和节目节奏。当观众表现出疲惫或失去兴趣时，主持人可以适当放慢节目进度，增加节目的互动环节或引入新的元素，以重新吸引观众的注意力。反之，当观众表现出高涨的情绪和参与度时，主持人可以适当加快节奏，增加节目的紧凑感和刺激性，以保持观众的热情和投入度。

最后，主持人还需要具备良好的应变能力。他们应该能够在面对突发情况或意外事件时迅速作出反应，灵活调整节目的进程和节奏，以确保节目的顺利进行。同时，主持人还需要在保持节目节奏的同时，注意控制自己的情绪和表现，保持稳定的心态和形象，以确保整个节目的质量和效果。

3. 化解尴尬

在主持大型综艺节目时，尴尬和意外的情况是难以避免的。主持人在这种情况下需要展现出应对突发情况的机智和冷静，以确保节目的顺利进行。他们可以通过一系列的技巧来化解尴尬，保持现场气氛的轻松愉快，这对于维护观众的热情和节目的品质至关重要。

首先，主持人可以运用幽默感来化解尴尬。幽默是缓解紧张气氛的有效工具，主持人可以通过适当的幽默调侃或笑话来缓解尴尬局面，让观众在笑声中忘记尴尬，保持愉快的观看体验。

其次，主持人需要展现出机智和灵活应变的能力。当出现意外情况时，主持人应该迅速作出反应，寻找合适的解决方案，并以自信的态度应对。他们可以通过即时地应对和调整，将尴尬局面转化为意外惊喜，增加节目的趣味性和观赏性。

再次，主持人还可以利用转移注意力的方式来化解尴尬。当出现尴尬情况时，主持人可以巧妙地转移观众的注意力，引入新的话题或互动环节，让观众的注意力集中到其他方面，从而缓解尴尬局面，保证节目的顺利进行。

最后，主持人需要保持镇定和沉着的态度。无论遇到何种尴尬情况，主持人都应该保持冷静，不被情绪所左右，以稳定的心态应对问题，并寻找合适的解决方案。他们可以通过表现出自信和从容的态度，为现场气氛注入一股稳定的力量，让观众感受到安全和放心。

二、游戏与互动环节设计

游戏与互动环节是综艺节目中的重要组成部分，能够增加节目的趣味性和互动性，吸引观众的关注和参与（图2-5）。

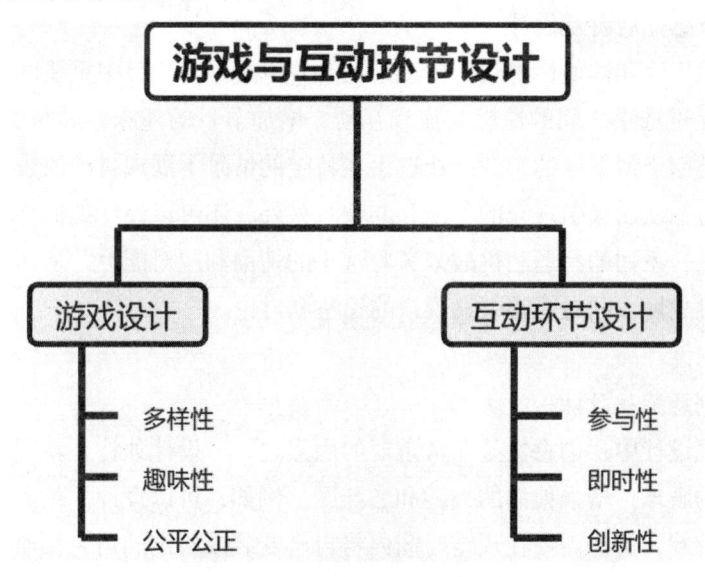

图 2-5　游戏与互动环节设计

（一）游戏设计

游戏设计在综艺节目中扮演着举足轻重的角色，它不仅能够增加节目的趣味性和观赏性，还可以吸引观众的参与度，提升节目的互动性和娱乐性。以下是游戏设计的几个重要方面。

1. 多样性

（1）知识性游戏设计

在综艺节目中，知识性游戏是一种常见的游戏形式，可以考验选手的智商和知识储备，同时能够吸引观众的注意力。例如，可以设计类似于"谁是卧底"的游戏，让选手根据提示和线索来猜测隐藏在其中的卧底角色，从而展现他们的推理能力和观察能力。另外，还可以设计类似于知识问答的游戏，邀请专业领域的嘉宾或选手来进行知识竞赛，可以涉及各种不同的知识领域，例如科学、历史、文化等，从而满足观众对知识性游戏的需求。

（2）体能性游戏设计

除了知识性游戏，体能性游戏也是综艺节目中常见的一种游戏形式，可以展现选手的体能和竞技能力，增加节目的观赏性。例如，可以设计类似于障碍赛的游戏，设置各种不同的障碍和挑战，让选手在有限的时间内完成任务，从而展现

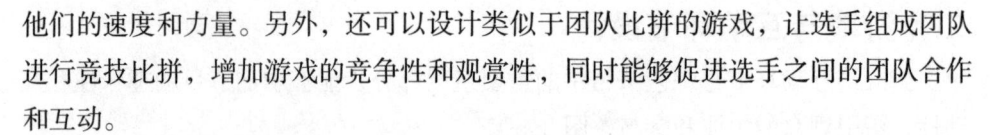

他们的速度和力量。另外，还可以设计类似于团队比拼的游戏，让选手组成团队进行竞技比拼，增加游戏的竞争性和观赏性，同时能够促进选手之间的团队合作和互动。

（3）情感互动游戏设计

除了知识性和体能性游戏，情感互动游戏也是综艺节目中重要的一种游戏形式，可以促进选手之间的情感交流和互动，增加节目的趣味性和吸引力。例如，可以设计类似于情景剧的游戏，让选手在特定的情景下展现自己的表演能力和情感表达能力，从而吸引观众的关注和共鸣。另外，还可以设计类似于心理测试的游戏，通过一系列的问题和挑战来考验选手的情商和应对能力，从而增加游戏的趣味性和挑战性，同时能够引发观众的思考和讨论。

2. 趣味性

（1）创意游戏设计

在游戏设计中，创意性是非常重要的因素之一。设计独特、新颖的游戏能够吸引观众的眼球，增强他们的兴趣和参与度。例如，可以设计一款名为"变装大作战"的游戏，选手需要在规定时间内将自己变装成指定的角色，通过服装、化妆等方式完成挑战。这样的游戏不仅有趣，而且具有一定的挑战性，能够引发选手之间的竞争，同时能够给观众带来笑料和欢乐。

（2）趣味挑战设计

除了创意游戏，趣味挑战也是吸引观众的重要方式之一。设计一些有趣的挑战任务，让选手在游戏中体验不同的挑战和乐趣。例如，可以设计一项名为"美食大挑战"的游戏，选手需要在规定时间内制作出特定菜品，并由观众评选出最受欢迎的菜品。这样的游戏既能够展现选手的厨艺和创意，又能够吸引观众的注意力，增强节目的趣味性和吸引力。

（3）互动性游戏设计

互动性游戏设计是增强游戏趣味性的重要方式之一。设计一些需要观众参与的游戏环节，让他们与节目产生更紧密地互动。例如，可以设计一款名为"观众挑战"的游戏，选手在游戏过程中需要根据观众提供的建议和指导完成任务。这样的游戏不仅能够增加观众的参与感，还能够拉近选手与观众之间的距离，增强节目的互动性和娱乐性。

3. 公平公正

（1）明确游戏规则

在游戏设计中，明确的游戏规则是确保游戏公平公正的关键。游戏规则应该清晰明确，让所有参与者都能够理解和遵守，避免出现任何形式的不公平现象。例如，在设计游戏规则时，应该明确规定游戏的目标、参与条件、奖励规则等，确保游戏过程的公平性和公正性。

（2）公正的裁判和评审

除了明确的游戏规则，公正的裁判和评审也是保障游戏公平公正的重要环节。裁判和评审应该具有专业的素质和公正的态度，严格按照游戏规则进行评判和打分，确保每位参与者都能够获得公正的待遇。同时，裁判和评审还应该及时纠正任何不公平的现象，维护游戏的公平性和公正性。

（3）公平的奖励机制

奖励机制应该公平合理，根据选手的表现和成绩进行评定，避免出现任何形式的偏袒或压制。例如，在设计奖励机制时，应该考虑到选手的实际情况和努力程度，确保奖励的公平性和公正性，从而增强选手的积极性和参与度。

（二）互动环节设计

1. 参与性

（1）手机投票互动

手机投票是增加观众参与感的有效互动方式之一。通过在节目中设置投票环节，观众可以直接用手机参与，表达自己的意见和喜好。这种互动方式不仅简单方便，而且能够实时了解观众的喜好倾向，为节目制作团队提供重要参考。

（2）现场互动游戏

在节目中设置现场互动游戏是另一种增强观众参与度的方法。通过设计一些简单有趣的游戏，如问答游戏、抢答环节或者小型竞赛，让现场观众积极参与其中。这不仅可以增加节目的趣味性，还能够拉近观众与节目之间的距离，增强互动效果。

（3）抽奖活动

抽奖活动是吸引观众参与的常见方式之一。在节目中设置抽奖环节，观众可以通过参与互动或者完成特定任务来获得抽奖资格，从而增强他们对节目的投入度和关注度。这种方式不仅能够提升观众的参与感，还可以为节目带来额外的亮点和惊喜。

2. 即时性

（1）现场直播互动

利用现场直播技术进行互动是增加节目即时性的有效手段。节目通过现场直播的方式播出，观众可以实时与主持人互动，提出问题、发表意见或者参与讨论。

这种即时的互动方式能够增强节目的互动性和真实感，使观众更加投入和参与。

（2）实时投票系统

实时投票系统可以在节目中实现观众即时投票和反馈。通过在屏幕上显示投票选项，并在短时间内统计结果并公布，观众可以在节目播出时即刻参与到决策过程中来。这种即时性的互动方式不仅能够增强观众的参与感，还可以为节目增添悬念。

3. 创新性

（1）虚拟现实技术互动

利用虚拟现实技术创建沉浸式互动体验是创新的互动方式之一。通过虚拟现实设备，观众可以在节目中体验到更加身临其境的感觉，参与到虚拟世界中的互动活动中来。这种创新性的互动方式不仅能够吸引观众的注意力，还可以提升节目的观赏性和娱乐性。

（2）增强现实技术互动

利用增强现实技术与观众进行互动也是一种创新的方式。通过 AR 设备，观众可以在现实场景中看到虚拟元素，与之互动并参与到节目中来。这种创新性的互动方式不仅能够为节目增添新的趣味性，还可以提升观众的参与度和体验感。

三、观众互动与场面掌控

在综艺节目中，观众互动和场面的掌控是主持人不可或缺的重要任务，能够有效地与观众互动并掌控好现场气氛，直接影响着节目的成功与否（图 2-6）。

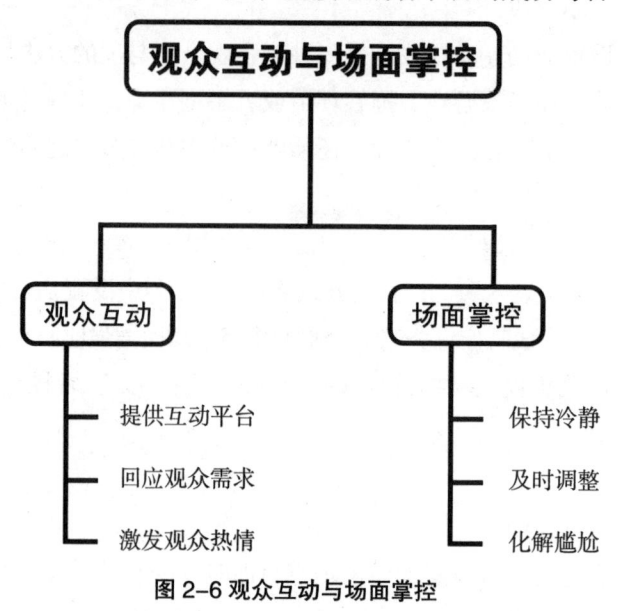

```
观众互动与场面掌控
├── 观众互动
│   ├── 提供互动平台
│   ├── 回应观众需求
│   └── 激发观众热情
└── 场面掌控
    ├── 保持冷静
    ├── 及时调整
    └── 化解尴尬
```

图 2-6 观众互动与场面掌控

（一）观众互动

观众互动是综艺节目中至关重要的环节之一，能够增加节目的趣味性和参与度，提升观众的满意度和忠诚度。

1. 提供互动平台

在综艺节目中，主持人的任务之一是为观众提供多样化的互动平台，使他们能够积极参与到节目中来，增强节目的互动性和吸引力。以下是几种常见的互动方式。

（1）现场提问

主持人可以在节目中向观众提出问题，鼓励他们踊跃回答或发表看法，从而增强观众的参与感。这种互动方式具有直接性和实时性，能够有效地拉近主持人与观众之间的距离。

（2）投票环节

设置投票环节是另一种常见的互动方式，观众可以通过手机或其他设备进行投票，选择他们喜欢的节目或候选人。投票环节不仅增加了观众的参与感，还可以提升节目的互动性和娱乐性。

（3）游戏参与

安排一些简单有趣的互动性游戏是吸引观众参与的有效方式。这些游戏可以是知识性的、体能性的，也可以是情感互动的，能够吸引不同类型的观众参与其中，增强观众的参与度和活跃度。

2. 回应观众需求

主持人在节目中应该倾听观众的意见和建议，及时回应他们的需求，以增强观众的参与感和满意度。以下是几种常见的方式。

（1）互动交流

主持人在节目中与观众进行互动交流是回应观众需求的重要方式之一。通过与观众的互动，主持人能够直接感知观众的反馈和期待，从而更好地回应他们的需求。这种互动交流可以通过现场提问、观众和来宾分享、电话连线等方式来实现，能够拉近主持人与观众之间的距离，增强节目的互动性和吸引力。

（2）倾听建议

主持人可以在节目中设立专门的意见建议环节，鼓励观众提出自己的想法和建议。这可以通过收集观众来信、社交媒体留言、电话投票等方式进行。主持人需要认真倾听观众的建议，并在适当的时候对其进行回应和采纳，以此来改善和完善节目，满足观众的需求和期待。

3. 激发观众热情

主持人在节目中应该通过适当的互动环节和调动现场气氛的方式，激发观众的热情和参与度，以增加节目的吸引力和趣味性。以下是几种常见的方式。

（1）活跃现场气氛

主持人可以通过幽默风趣的言辞和活泼的表现，调动现场观众的情绪和热情，营造热烈、欢快的气氛。这可以通过主持人的幽默搞笑的话语、积极互动等方式实现。主持人的幽默风趣不仅可以让观众感到愉悦，还能够吸引他们的注意力，增加他们的参与度。

（2）鼓励参与

主持人应该积极鼓励观众参与到节目中来。通过奖励机制或称赞鼓励的方式，增强观众的积极性和参与度。例如，主持人可以设立一些有奖竞猜环节，鼓励观众积极参与，以此来增加节目的趣味性和互动性。同时，主持人还可以与观众进行直接互动，与他们交流、回答问题，让他们感受到自己的参与是被重视和欢迎的。

（二）场面掌控

在综艺节目中，主持人的场面掌控能力至关重要，他们需要保持冷静、及时调节和化解尴尬，以确保节目的顺利进行。

1. 保持冷静

主持人在节目中需要保持冷静沉着的态度，不受外界因素影响，有效掌控现场气氛，以防止意外事件影响节目进程。以下是实现这一目标的几种方式。

（1）心态稳定

主持人应该保持内心的平静和稳定，不受情绪波动的影响。在面对突发情况或意外事件时，主持人需要保持冷静思考，不被内心的恐慌和紧张情绪所困扰，以便及时有效地处理问题并保证节目的顺利进行。这种稳定的心态可以通过训练和自我调节来培养，例如通过冥想、深呼吸等方法来保持镇定。

（2）专注职责

主持人应该专注于自己的职责，不受其他因素的干扰。他们需要明确自己在节目中的角色和责任，并始终保持自身的专业性和敬业精神。在节目进行过程中，主持人应将注意力集中在节目的进行上，不被其他外界因素所分散，以确保节目的顺利进行和高效完成。这需要主持人具备良好的自我管理能力和工作专注力，能够在各种情况下保持警觉和专注。

2. 及时调整

在节目进行中，主持人需要具备及时调整的能力，以确保节目的顺利进行，保持观众的兴趣和参与度。以下是实现这一目标的几种方式。

（1）观察反馈

主持人应该密切观察观众的反应和现场氛围的变化，及时调整自己的表现方式和节目节奏。通过观察观众的情绪变化、笑声和掌声等反馈，主持人可以判断观众对节目的喜好程度和参与度，从而灵活调整节目的进行。

（2）灵活应变

主持人需要具备灵活应变的能力，随时调整自己的表现风格和节目策略，以应对不同情况和场景。在节目进行中，可能会出现意外情况或观众反应不佳的情况，主持人需要能够迅速做出反应，并采取有效的措施加以处理。

3. 化解尴尬

在主持大型综艺节目时，难免会遇到意外情况或尴尬局面，而主持人需要具备善于化解尴尬的能力，以保持节目的顺利进行和现场气氛的和谐。以下是几种化解尴尬的方式。

（1）幽默化解

主持人可以运用幽默感来化解尴尬局面。通过逗趣的言行和幽默的表现方式，主持人能够让观众忘记尴尬，营造欢快的氛围。例如，主持人可以讲述一些幽默的笑话或趣事，营造欢乐氛围，让观众笑声不断，从而缓解尴尬局面。

（2）转移注意力

主持人还可以巧妙地转移观众的注意力，引导他们关注其他节目内容或互动环节，以缓解尴尬局面。例如，当出现尴尬情况时，主持人可以立即切换到下一个节目环节或引入一个新的互动游戏，转移观众的注意力，从而快速改变现场气氛。

单元三　艺术类节目主持风格塑造与情感表达

一、主持人个人风格培养

（一）独特性

1. 自我认知与特质发掘

主持人个人风格的独特性始于对自我的认知与个人特质的发掘。每位主持人都应该深入了解自己的个性特点、优势和独特魅力，从而能够在舞台上展现出与众不同的风格。这种自我认知的过程需要主持人进行反思和探索，审视自己的过往经历、兴趣爱好以及在各种情境下的表现，发现并强化自己与众不同的特质。

2. 个人品牌

建立个人品牌是培养主持人独特性的关键步骤之一。通过塑造个人品牌，主

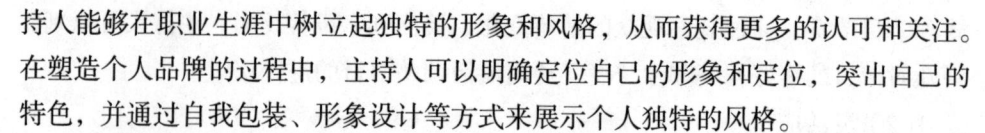

持人能够在职业生涯中树立起独特的形象和风格，从而获得更多的认可和关注。在塑造个人品牌的过程中，主持人可以明确定位自己的形象和定位，突出自己的特色，并通过自我包装、形象设计等方式来展示个人独特的风格。

3. 独特表现形式

除了个人品牌的塑造，主持人还应该挖掘独特的表现形式，以突显自己的独特性。这包括在节目中运用独特的语言风格、表情、肢体语言等，与观众建立更深层次的情感连接。例如，一些主持人可能擅长幽默风趣，可以在节目中运用幽默的语言和幽默的表情，赢得观众的笑声和喜爱；而另一些主持人可能更注重专业性和深度，可以通过严谨的态度和深入的思考展现出自己的风格，赢得观众的尊重和认可。

（二）自信心

1. 技能的不断提升

自信心的培养离不开知识与技能的不断提升。主持人需要通过持续性学习和积累经验，提升自己的专业水平和素质，从而增强自信心。这包括对节目内容的深入了解和熟悉、对主持技巧的不断训练和提高，以及对各种意外情况的应对能力的提升。

2. 良好的心理状态与自我认知

除了知识与技能的提升，良好的心理状态和自我认知也是培养自信心的重要因素。主持人需要保持积极的心态，对自己充满信心，相信自己有能力胜任任何挑战。同时，也需要对自己有清晰地认知，了解自己的优势和劣势，并对自己的能力有清晰地认识。

3. 面对挑战与失败

在主持工作中，面对各种挑战和困难是不可避免的。主持人需要学会积极面对挑战和失败，从中吸取经验教训，不断成长和进步。只有在面对挑战和失败时能够保持自信和乐观，才能够更好地应对各种情况，保持良好的心态和状态。

（三）亲和力

1. 真诚的沟通与互动

对亲和力的培养离不开真诚的沟通与互动。主持人需要与观众建立起真诚和良好的情感联系，以赢得观众的喜爱和支持。在节目中，主持人可以通过真诚的语言和表情，与观众进行互动和交流，让观众感受到主持人的真诚和友好，从而增强节目的亲和力和吸引力。

2. 体贴与关怀

除了真诚地沟通与互动，主持人还应该体贴和关怀观众的情感需求。在节目中，主持人可以关注观众的反馈和情感体验，积极回应观众的关注和呼唤，让观众感受到主持人的关怀和温暖，从而增强节目的亲切感和吸引力。

3.灵活运用情感表达

亲和力的培养还需要主持人灵活运用情感表达技巧。在节目中，主持人可以根据不同的情境和主题，灵活运用自己的情感表达能力，以引发观众的共鸣和共情，增强节目的吸引力和影响力。例如，在节目中，主持人可以通过分享自己的生活经历和情感体验，引发观众的共鸣和共情，从而增强节目的亲切感和吸引力。

二、情感表达与沟通技巧

（一）情感真实

情感表达在主持人与观众之间建立情感联系的过程中起着至关重要的作用。通过真实的情感表达，主持人能够让观众感受到他们的真诚和情感，从而建立起更加深厚的情感联系。在综艺节目中，观众往往更愿意接受那些真实、真诚的主持人，因为这样的主持人能够更好地与他们产生共鸣和情感连接。

1.表达的培养

培养情感表达能力对于主持人在综艺节目中的表现至关重要。这一能力的培养并非一蹴而就，而是需要主持人不断地关注自身的内在世界，并保持真诚和坦率。这意味着主持人需要有意识的去探索自己的情感体验、情感需求以及对外界情感的反应。这种探索的过程涉及对自己内在情感的敏感性和认知度的提升。通过不断地审视自己的情感体验，主持人可以更加深入地了解自己的情感状态，并逐渐增强准确表达这些情感的能力。

在这个过程中，主持人需要学会审视自己的情感体验，包括喜怒哀乐以及其他复杂的情感体验。这需要主持人有足够的勇气和诚实去直面自己的情感，并接受这些情感的存在。同时，主持人也需要学会接纳自己的情感需求，包括对安全、认同、尊重等方面的需求。通过对自己情感需求的认知和满足，主持人可以更好地理解自己的情感状态，并从中获取灵感和能量，用于表达在节目中。

主持人还需要关注自己对外界情感的反应，包括对他人情感的理解和共鸣。主持人可以通过观察他人的情感表达和与他人的交流互动，来增进对外界情感的理解和感知。通过不断地与他人交流和沟通，主持人可以学会倾听他人的情感需求，并尝试与他人建立起共鸣和连接。这种与他人的情感交流和互动，可以为主持人提供更多的情感素材和表达方式，从而丰富自己的情感表达能力。

2.情感表达的方式

情感表达的方式是多种多样的，主持人可以通过语言、表情、肢体语言等多种形式来进行表达。在与观众互动时，主持人能够运用这些方式来传达自己内心的情感和思想，从而更加深入地与观众产生情感共鸣和连接。

语言是情感表达的主要方式之一。主持人可以用真诚而富有感染力的语言，直接表达自己的情感和思想。通过精准的词语和生动的描述，主持人能够将内心的情感表达得淋漓尽致，让观众更加清晰地感受到主持人的情感状态。例如，在感动或激动的情感表达中，主持人可以运用生动的词语和抑扬顿挫的语言节奏，将自己的情感表达得深沉动人，从而引发观众的共鸣和共情。

除了语言，表情也是情感表达的重要方式之一。主持人可以通过自己的面部表情来传递情感，让观众更加直观地感受到主持人的情感状态。例如，当主持人感到高兴或兴奋时，可以展现出灿烂的笑容和活泼的眼神，让观众感受到主持人内心的愉悦和兴奋，从而增强节目的生动性和趣味性。

肢体语言也是情感表达的重要方式之一。主持人可以通过自己的身体动作和姿势来传递情感，增强情感的表达效果。例如，当主持人感到紧张或焦虑时，可能会出现手部的紧握或身体的紧张动作，这些肢体语言可以让观众更加直观地感受到主持人的情感状态，增强节目的真实感和亲近感。

（二）情感转换

情感转换是主持人在节目中应对不同情境和主题时的重要技巧之一。在综艺节目中，情感的转换常常是必要的，因为节目的内容往往涉及各种不同的情感体验，如欢乐、悲伤、紧张等。主持人需要灵活运用自己的情感表达技巧，根据节目的需要进行情感的调整和转换，以达到更好的效果。

1.情感转换的技巧

情感转换的技巧是主持人在面对不同情境时的重要应对技巧之一。这种技巧包括情感的调整和转换，主要目的是让主持人能够适应当前情境的需求，并以更合适的情感状态与观众进行交流和互动。

在综艺节目中，主持人常常会面对各种不同的情感场景，如欢乐、悲伤、紧张等。在这些情境中，主持人需要灵活运用情感转换的技巧，以确保节目的连贯性和吸引力。例如，在面对悲伤的情景时，主持人可以表现出同情和温暖的情感，以安抚观众的情绪。这包括使用柔和的语调、温暖的眼神和亲切的姿态，让观众感受到主持人的关怀和安慰，从而缓解他们的悲伤情绪。

相反，在面对欢乐的情景时，主持人则需要表现出轻松愉快的情感，以增强节目的趣味性和吸引力。这可能包括使用欢快的语言节奏、活泼的表情和幽默的笑话，让观众感受到主持人的快乐和活力，从而加深他们对节目的喜爱和支持。

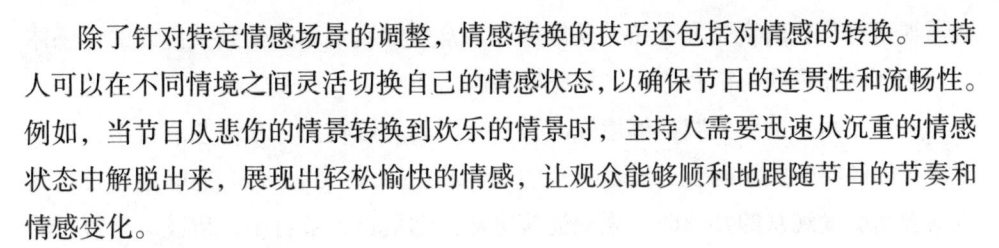

除了针对特定情感场景的调整，情感转换的技巧还包括对情感的转换。主持人可以在不同情境之间灵活切换自己的情感状态，以确保节目的连贯性和流畅性。例如，当节目从悲伤的情景转换到欢乐的情景时，主持人需要迅速从沉重的情感状态中解脱出来，展现出轻松愉快的情感，让观众能够顺利地跟随节目的节奏和情感变化。

2.情感转换的目的

情感转换的目的在于让节目呈现出更加丰富多彩的情感体验，同时能够更好地增强观众的情感体验感。在综艺节目中，观众往往期待能够通过节目与主持人建立起情感联系，共同体验到各种情感，从而获得心灵上的满足和愉悦。因此，主持人需要具备灵活运用情感转换技巧的能力，以确保节目的情感表达更加丰富、生动。

一方面，情感转换的目的还在于为节目增添更多的情感层次。通过在节目中灵活运用情感转换的技巧，主持人能够在不同情境中呈现出多种不同的情感状态，如欢乐、悲伤、愤怒、惊喜等。这种多样化的情感呈现使得节目更加丰富多彩，能够吸引不同类型观众的关注，从而提升节目的观赏性和吸引力。

另一方面，情感转换的目的还在于引导观众的情感体验。通过主持人在节目中的情感转换，观众能够跟随主持人的情感变化，共同体验到节目中呈现出的各种情感。这种情感共鸣和共情能够拉近主持人与观众之间的距离，增强观众对节目的投入和参与感。同时，情感转换也能够引导观众在观看节目时产生不同的情感体验，使他们的观影体验更加丰富和深刻。

（三）情感共鸣

1.情感共鸣的重要性

情感共鸣在综艺节目中扮演着至关重要的角色，它不仅是主持人与观众之间建立情感联系的重要方式，还能够极大地增强节目的吸引力和影响力。在综艺节目中，观众不仅是 passively receiving information（被动接收信息）的对象，更是 actively engaging with the content（积极参与内容）的参与者。而情感共鸣的存在使得观众在观看节目时不是被动的旁观者，而是与主持人建立起一种情感上的亲密关系，从而更加投入节目中。

一方面，情感共鸣能够拉近主持人与观众之间的距离。通过主持人真诚的情感表达，观众能够感受到主持人的情感状态，进而产生共鸣和共情。当观众感受到主持人与自己有着相似的情感体验时，他们会更加愿意与主持人建立情感连接，认同主持人的情感表达，并对节目产生更深的情感投入。这种情感连接不仅可以增强观众对节目的喜爱和支持，还能够让观众更加真实地感受到主持人的情感体验，从而增强观众与节目之间的情感联系。

另一方面，情感共鸣能够增强节目的吸引力和影响力。在综艺节目中，观众往往更加倾向于关注与自己有着共鸣的内容和主持人。当主持人能够通过自己的情感表达引发观众的共鸣时，观众能够更加主动地投入节目中，积极参与节目的内容和互动环节。这不仅可以增加节目的收视率和影响力，还能够提升节目的话题度和讨论度，使节目更具有持续性和影响力。

2. 情感共鸣的实现

情感共鸣的实现是综艺节目中主持人与观众之间情感联系的重要途径。要实现情感共鸣，主持人需要深刻理解观众的情感需求和情感体验，同时灵活运用自己的情感表达技巧与观众产生共鸣。在节目中，主持人可以通过多种方式实现情感共鸣，其中包括分享自己的生活经历和情感体验。

一方面，主持人可以通过分享自己的生活经历来实现情感共鸣。通过真诚地分享自己的生活故事、成长经历以及感受，主持人能够让观众更加了解自己，同时也能够与观众建立起情感上的共鸣。例如，主持人可以分享自己曾经面对的挑战、困惑以及成功的经历，让观众在听到这些故事时能够产生共鸣和共情，感受到主持人的真诚和亲切。这种情感共鸣能够拉近主持人与观众之间的距离，增强观众对主持人的认同感。

另一方面，主持人可以通过分享自己的情感体验来实现情感共鸣。在节目中，主持人可以坦诚地表达自己的情感状态，包括喜怒哀乐等各种情感。通过将自己的情感与观众分享，主持人能够引发观众的共鸣和共情，让观众能够更加真实地感受到主持人的情感体验。例如，在面对挑战或困难时，主持人可以坦诚地表达自己的焦虑和不安；在获得成功或喜悦时，主持人可以分享自己的喜悦和兴奋。这种情感共鸣能够让观众更加贴近主持人，增强他们对节目的情感投入和认同感。

三、节目氛围与气氛营造

（一）氛围营造

1. 节目主持人的情感表达技巧

主持人的情感表达技巧在综艺节目中起到至关重要的作用，它直接影响着观众对节目的感受和体验。有效的情感表达不仅能够增强节目的吸引力和趣味性，还能够拉近主持人与观众之间的距离，建立起更加紧密的情感连接。以下是主持人在情感表达方面的一些关键技巧。

首先，表情是主持人情感表达的重要手段之一。主持人应该学会利用丰富多彩的面部表情来传递情感。比如，可以通过微笑、眼神交流、眉毛的抬动等方式来表达欢乐、同情、惊讶等不同的情感。真诚而温暖的表情能够让观众感受到主持人的亲和力和友好态度，从而增加观众对节目的好感。

其次，语调和语言的运用也是情感表达的重要组成部分。主持人可以通过语调的起伏和节奏的变化来传递不同的情感色彩。例如，在欢乐轻松的节目环节中，可以运用明快活泼的语调和诙谐幽默的语言，让观众感受到节目的愉悦氛围；而在庄重肃穆的场合，可以用稳重严肃的语调和言辞来传达尊重和庄重的情感。

最后，主持人可以通过自己的姿态、手势和动作来增强情感的表达效果。比如，可以用手势来强调重点，用身体的动作来表达喜悦或激动，让观众更加直观地感受到主持人的情感状态。然而，肢体语言的运用需要注意不要过于夸张或刻意，应该保持自然和流畅，以避免给观众留下不真实或矫揉造作的印象。

2. 言行调动观众情绪

主持人在文艺节目中的言谈举止对于调动观众情绪起着至关重要的作用。通过灵活运用语言和行为，主持人能够引导观众的情绪，从而使他们更好地融入节目氛围，增强观众参与感和引发观众共鸣。

一方面，在文艺节目中，主持人可以通过言谈举止来影响观众的情绪和体验。当主持人谈到欢快、轻松的话题时，可以适当加入幽默元素，以引发观众的笑声和欢乐情绪。通过生动、幽默地描述，主持人可以营造轻松愉快的氛围，使观众在笑声中放松身心，产生愉悦的心情。此外，主持人的表情和动作也能够传递出愉悦和轻松的情绪，进一步引发观众的笑声和共鸣。

另一方面，当主持人面对温情、感人的场景时，可以适度表现出亲切、温暖的态度。通过真诚的表达和温和的语调，主持人可以触动观众内心深处的情感，并引发他们的共鸣和感动。在这些情节中，主持人的情感表达和体察能力至关重要，要能够准确把握节目情绪的转折点，以打动观众的心灵，让他们感受到真挚的情感共鸣和情绪连接。

3. 营造轻松愉快的节目氛围

在文艺节目中，营造轻松愉快的氛围是吸引观众并提升整体观赏体验的重要因素之一。主持人扮演着关键的角色，可以通过自身的表现和言行来有效地营造这种愉快的氛围，让观众在节目中感受到快乐与放松。

首先，主持人在与嘉宾交流时可以采用幽默风趣的方式进行对话。适时的幽默可以让节目气氛活跃起来，让观众在笑声中轻松释放压力，感受到愉悦和快乐。

45

主持人的诙谐幽默不仅可以增加节目的趣味性，还能拉近与嘉宾以及观众之间的距离，有助于互动和沟通，让整个节目更加生动有趣。

其次，主持人还可以运用轻松活泼的语言和态度来营造愉快的氛围。通过流畅的台词、俏皮的表情和生动的肢体动作，主持人可以传递出一种轻松、愉快的心态，引导观众放松心情，投入节目内容中去。同时，主持人的亲和力和幽默感也能够让观众感受到和谐温馨的氛围，增强他们的参与感和良好的体验感。

（二）气氛渲染

1.利用音乐营造气氛

音乐作为营造气氛的重要工具，在文艺节目中扮演着至关重要的角色。主持人可以通过选择合适的背景音乐来有效地营造节目的氛围，引导观众情绪，增强节目的表现力和感染力。

一方面，在文艺节目中，主持人应当根据节目内容和情感需要，精心选择背景音乐来配合节目的进行。比如，在紧张刺激的环节中，选择激动人心的音乐可以增加气氛的紧张感，营造出一种扣人心弦的氛围，让观众投入紧张的氛围之中。这种背景音乐的运用不仅可以提升节目的紧凑程度，还能够引发观众的情绪反应，增加节目的震撼力和吸引力。

另一方面，在欢乐轻松的场景中，选择欢快的音乐是非常合适的。欢快的音乐旋律可以让观众感受到愉悦与轻松，带来快乐的情绪体验。这种背景音乐的使用可以营造出一种轻松愉快的氛围，在观众中间传递出欢乐与愉悦的情感，增加观众参与度，使整个节目更加生动活泼。

2.灯光效果的运用

在文艺节目中，灯光效果是营造气氛和增加视觉吸引力的重要手段之一。通过巧妙的灯光调节，主持人可以创造出不同的场景氛围，使整个节目更加生动，具有表现力，吸引观众的目光，加深观众对节目内容的体验和理解。

一方面，灯光效果的运用在文艺节目中非常关键，因为不同的灯光设计和调节可以烘托不同的情感氛围。例如，在浪漫情感的节目环节中，主持人可以运用柔和的温暖的灯光色彩，如粉色、橙色等，来营造出温馨浪漫的氛围。这种柔和的灯光可以渲染出幽静而温暖的气氛，让观众感受到浓浓的爱意和浪漫情怀，带来一种温馨感动的情感体验。

另一方面，在紧张刺激的场景中，主持人可以使用明亮而刺眼的灯光来增加气氛的紧张感。利用强烈的灯光投射和灯光变化效果，可以制造出一种刺激和震撼的氛围，让观众紧张起来，加深他们对节目的关注度和参与度。这种灯光设计能够有效地配合节目内容，提升节目的戏剧张力和观赏性，使节目更加引人注目、令人难忘。

3. 语言的气氛渲染

主持人在文艺节目中的语言运用是渲染气氛和引导观众情绪的重要方式之一。通过言辞的选择、表达方式的变化以及声音的抑扬顿挫，主持人可以有效地调动观众的情绪，增强节目的气氛，使其更加紧张、感人或者轻松愉快。

一方面，在具有悬念性的环节中，主持人可以运用夸张和紧张的语言来增加气氛的紧张感。通过使用戏剧化的措辞、快速而有力的语速以及紧凑的表达方式，主持人能够有效地营造出悬疑、刺激的氛围，让观众紧张起来。这种紧张的语言运用可以引发观众的好奇心和求知欲，增加他们对节目内容的关注度和参与度，使整个节目更具吸引力。

另一方面，在感人场景中，主持人可以运用温情的语言来打动观众的心。通过使用温暖而充满感情的措辞、柔和而细腻的语气以及饱含情感的表达方式，主持人能够传递出浓厚的情感，在观众中间引发共鸣。这种温情的语言运用可以引起观众的感动，增加他们对节目的情感投入，使观众与节目内容产生更深层次的连接。

（三）情感引导

1. 分享情感体验

主持人通过分享自己的情感体验来引导观众的情感反应是提升节目亲和力和吸引力的有效方式之一。在文艺节目中，主持人的情感真诚和自我表达可以让观众更加投入节目，产生共鸣和共情，增强节目的感染力和吸引力。

当主持人谈论感人故事或者分享亲身经历时，适时地分享自己的情感体验是非常重要的。通过自身的情感真挚和细腻表达，主持人能够引发观众的共鸣和情感共情。这种情感共享不仅可以拉近主持人与观众之间的距离，还可以使观众更深层次地理解和体验节目内容，增强他们对节目的情感投入和参与度。

在节目中，主持人可以选择适合的时机和场景，以真诚的态度分享自己的情感体验。无论是欢乐、悲伤、感动或者挑战，主持人都可以通过个人的情感体验来引导观众的情感反应，使观众产生情感共鸣，感受节目带来的情感冲击和启发。

通过分享情感体验，主持人不仅可以使节目更具亲和力和感染力，还可以为观众带来更加丰富和深刻的观赏体验。观众在主持人的情感分享中能够产生共鸣，从而建立更加密切的情感连接，使观众更加投入到节目内容中，体验到更加真实和丰富的情感体验。

2. 言行的情感表达

主持人的言谈举止在文艺节目中扮演着极为重要的角色，是情感引导的重要手段之一。通过言语的抒发和行为的表现，主持人能够有效地引导观众的情感，使他们更深入地融入节目氛围中来，增加他们对节目内容的共鸣和情感体验。

在文艺节目中，主持人的言语抒发可以通过语速、音量、语调以及表达方式等方面展现出多样化的情感表达。例如，在谈论感人场景时，主持人可以适度表现出感动和激动的情绪，通过声音的颤抖、眼神的灼热以及手势的激昂等方式，进一步勾勒和传递出内心情感，并真诚地与观众分享。这种言语抒发能够直击观众内心深处，引发他们共情和情感共鸣，使观众不仅是旁观者，更像是参与者，与主持人一同体验情感的起伏。

除了言语抒发，主持人的行为表现也是情感引导的重要组成部分。主持人通过肢体语言、面部表情、姿态和动作等来传递情感，可以让观众更加全面地理解和感受到主持人所传达的情绪和情感。例如，当主持人表现出兴奋与喜悦时，可以通过笑容、振奋的姿态和活泼的动作来增强情感的传递力度，从而激发观众的共鸣和愉悦情绪。

3. 营造情感化的节目内容

主持人通过节目内容的设计和安排，可以营造出情感化的氛围，增强观众的情感体验。在文艺节目中，情感化的节目内容是吸引观众注意力、产生共情与情感共鸣的重要因素之一。

一个情感化的节目应该包含一些感人的故事情节或温馨的场景设置，以激发观众的情感反应和参与度。例如，在音乐节目中，主持人可以为每个演唱曲目配上一个具有感人故事或意义深远的背景介绍，使观众能够更深入地理解歌曲背后的情感和内涵。这样的设计可以让观众与演唱者产生共情，更好地理解歌曲，并进一步产生情感共鸣。同时，主持人还可以通过温馨的场景设置，如灯光调整、布置舞台、景物搭建等，通过视觉刺激来加强观众与节目之间的情感连接。

此外，情感化的节目内容还可以通过直播互动的形式来加强观众的情感体验。主持人可以通过与观众进行情感交流、回忆往事、分享心情等方式，深入渗透自身的情感体验，引导观众投入到节目中。这种互动的形式可以打破观众与主持人之间的隔阂，使观众更加真实地感受到主持人的情感，从而达到共情和情感共鸣的效果。

思考题

1. 在主持大型文艺晚会时，你认为最重要的技巧是什么？为什么？
2. 综艺节目主持需要具备哪些特定的能力和技能？请列举并解释其重要性。
3. 在主持艺术类节目时，你认为如何塑造自己的主持风格？请描述你的主持风格特点和理念。

模块三 生活服务类节目主持

单元一 生活常识与实用信息传递技巧

一、生活类节目主持角色定位

在生活类节目中，主持人的角色定位至关重要，需要明确界定自己的角色定位，并采取相应的沟通策略、情感表达方式，以及在专业性和趣味性之间取得平衡（图3-1）。

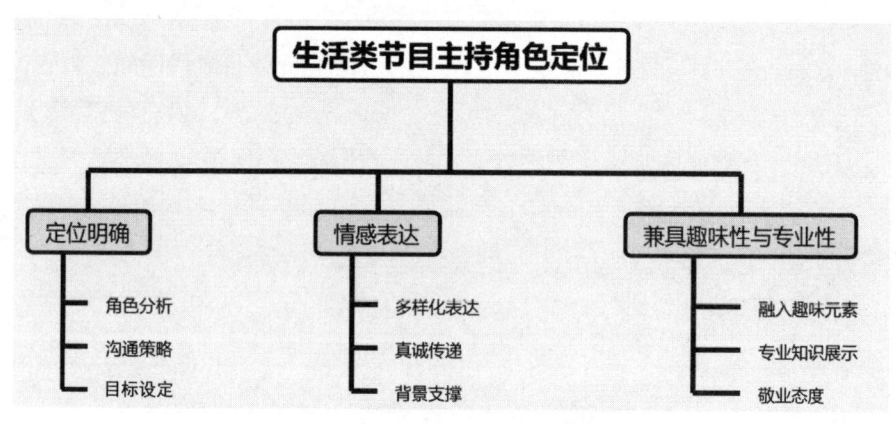

图3-1 生活类节目主持角色定位

（一）定位明确

1. 角色分析

（1）引导者

引导者是生活类节目中主持人的一种角色定位。主持人作为引导者，不仅在节目中提出话题和问题，还通过引导来控制对话的节奏和内容，引领观众进入一个有意义、娱乐或启发性的交流场景。

作为引导者，主持人应具备良好的组织能力和主持技巧，能够准确把握节目的主题和内容，并将其有机地串联起来。主持人应该在合适的时机引导讨论发展，确保观众能够充分参与其中并得到满意的节目体验。

引导者在节目中要注重与嘉宾或观众的互动和沟通。通过合理提问、倾听和回应嘉宾或观众的问题和意见等方式，主持人既能够推动节目顺利发展，又能够促进观众的参与和互动，增强节目的趣味性和吸引力。

（2）情感传递者

情感传递者是生活类节目中主持人的另一种角色定位。作为情感传递者，主持人需要擅长表达情感，通过真实、生动的情感表达打动观众，引发观众共情和情感共鸣。

情感传递者需要善于通过言语、肢体语言和表情等方式传递情感。主持人可以适时展现自己的情感，并与观众建立情感联系，拉近与观众的距离，增加节目的亲和力和吸引力。

情感传递者的目标是引发观众的情感共鸣。通过真诚的情感表达和富有感染力的表达方式，主持人能够帮助观众产生情感共鸣，增强观众的参与度和认同感，达到与观众的心灵沟通。

（3）信息传递者

作为生活类节目主持人的另一种角色定位，信息传递者的职责是以专业和准确的方式传递信息给观众。主持人需要具备扎实的知识基础和良好的沟通能力，确保所传递的信息准确、清晰并且易于理解。

信息传递者需要进行信息整理和筛选，选择有价值、有趣味性和与时俱进的内容，并以简明清晰的语言将信息传递给观众。主持人可以通过举例说明、图表解读等方式帮助观众更好地理解和应用所传达的实用信息。

信息传递者的目标是帮助观众获取实用知识。主持人可以通过解说生活常识、分享实用技巧、介绍社会热点等方式，传递有用的知识和信息给观众，提高他们的实际应用能力和生活质量。

2.沟通策略

（1）作为引导者的沟通策略

作为引导者，主持人应当注意控制谈话的节奏和内容发展，使对话内容贴近主题和节目的整体目标。主持人可以通过适时地引导问题、转换话题或调整讨论的深度和广度，确保对话在掌握的范围内进行，不偏离原始目的。

首先，主持人可以灵活运用提问的技巧，激发嘉宾或观众的思考和参与。可以使用开放性问题来鼓励多方位的回答和探讨，也可以用封闭性问题来获取具体、明确的回答，还可以使用反问或挑战性问题来引发更深入的讨论。

其次，主持人应当鼓励对话参与者之间的互动和交流，创造积极正面的沟通氛围。可以通过表扬、感谢、回应观点或提供鼓励性的评论等方式，促使嘉宾积极参与讨论，激发嘉宾更多的观点和想法。

（2）作为情感传递者的沟通策略

作为情感传递者，主持人应当真实表达自己的情感。应该用真诚且自然的态度来表达情感，避免过度演绎或刻意煽情。如果主持人以真实的情感传递给他们，观众更容易产生共鸣和赞同。

运用适当的语言技巧来增强情感表达的效果。主持人可以通过适当的修辞手法、力度把握和音量掌控等，使情感更加生动有力。同时，注意语速和节奏的变化，以使情感表达更富有节奏感和感染力。

主持人的肢体语言也是情感传递的重要手段之一。通过肢体动作、面部表情、眼神交流等方式，主持人可以更直接地传递情感给观众。在沟通中，灵活运用身体语言，以更生动的方式与观众建立情感联系。

（3）作为信息传递者的沟通策略

作为信息传递者，主持人应确保信息简明清晰，易于理解。使用通俗易懂的语言，避免使用过于专业化的术语。另外，有意识地结构化信息，注重条理性和逻辑性，以便观众能够更好地理解和消化所传递的信息。

主持人可以借助图像、图表、演示文稿等辅助工具，以视觉化方式展示信息。图像化呈现可以增强观众对信息的记忆和理解，减少信息的理解误差，提高信息传递效果。

作为信息传递者，主持人要时刻关注观众的反馈和理解程度。可以通过问答环节、观众参与互动等方式获取观众的反馈意见，及时调整信息传递的方式和内容，确保信息得到准确地传递和理解。

3. 目标设定

在确定了自己在节目中的角色定位之后，主持人需要明确节目的目标和宗旨。这将对节目内容的策划、表现风格的塑造以及与观众互动等方面产生重大影响。节目目标的设定是为了确保主持人与观众之间的沟通和互动更加有效，并为观众提供有意义、有趣、有启发的节目体验。

首先，主持人应该明确节目的主要目标是什么。是为了传递实用知识，让观众获得新的学习和思考？还是希望通过情感共鸣和表达，让观众感受到温情和共情？又或者是为了引发观众的思考，提供启发和反思？通过明确节目目标，主持人可以更加有针对性地开展节目策划和内容设计，确保节目具有明确的导向和特点。

其次，主持人需要根据节目目标来调整自己的表现风格和节目氛围。如果节目目标是传递实用知识，主持人应注重信息的准确度和清晰度，采用简洁明了的表达方式，使观众能够轻松理解，并从中获益。如果节目目标是引发观众的情感共鸣，主持人则应注重情感的真实表达和沟通，借助声音、肢体语言和表情等手段，让观众与之产生共情。如果节目目标是启发思考，主持人应注意引导对话和讨论，激发观众的思考和探索，促使他们深入思考问题背后的含义。

最后，根据节目目标的设定，主持人需要灵活运用不同的互动形式与观众互动。可以通过提问环节、投票互动、分享故事等方式，促进观众参与，增加节目的趣味性和互动性。同时，主持人还可以借助社交媒体平台，与观众进行在线互动和反馈，建立起更加紧密的联系和沟通。

（二）情感表达

1. 多样化表达

情感表达是生活类节目主持人的重要技巧之一。主持人可以通过言语、肢体语言、面部表情等多种方式来表达情感。在谈论各种话题时，适时展现喜怒哀乐，使主持人显得更加真实和亲切，吸引观众的注意。

2. 真诚传递

情感表达要求主持人真诚、自然。表达情感时，主持人应当避免过度演绎或刻意煽情，而是以真诚的态度，将内心情感传递给观众，引起他们的共鸣和情感共鸣。真挚的情感能够拉近主持人与观众之间的距离，使节目更有人情味。

3. 背景支撑

为了更好地进行情感表达，主持人需要了解所讨论话题的背景和相关情境，这样可以更好地找到合适的表现方式。同时，在情感表达过程中，主持人还可以适当结合个人经历或故事，增加表达的力度和情感的深度。

（三）兼具趣味性与专业性

1. 融入趣味元素

在生活类节目中，主持人可以通过融入趣味性元素来吸引观众的注意。可以运用幽默风趣的语言，讲解生活常识或实用信息；可以选择有趣的案例或故事来说明观点，增加节目的趣味性和可读性。

2. 专业知识展示

同时，主持人也需要展示一定的专业性和知识储备。在传递实用信息时，应当保证信息的准确性和权威性，避免出现错误的信息；在解说生活话题时，也可以适时展现出对相关领域的了解和研究，增强观众对主持人的信任和尊重。

　　3.敬业态度

　　兼具趣味性和专业性的主持人不仅需要有丰富的知识储备和表达能力，还需要保持敬业的态度。主持人应该持续学习和提升自身素质，时刻关注行业动态和观众需求，以便更好地融入生活类节目，为观众提供有价值、有趣、有意义的节目体验。

二、实用信息整理与传递技巧

　　在实用信息整理与传递技巧中，主持人需要在准备信息、简明扼要地传递信息以及通过举例说明的过程中采取一系列有效的方法，以确保信息的准确性和易于理解（图3-2）。

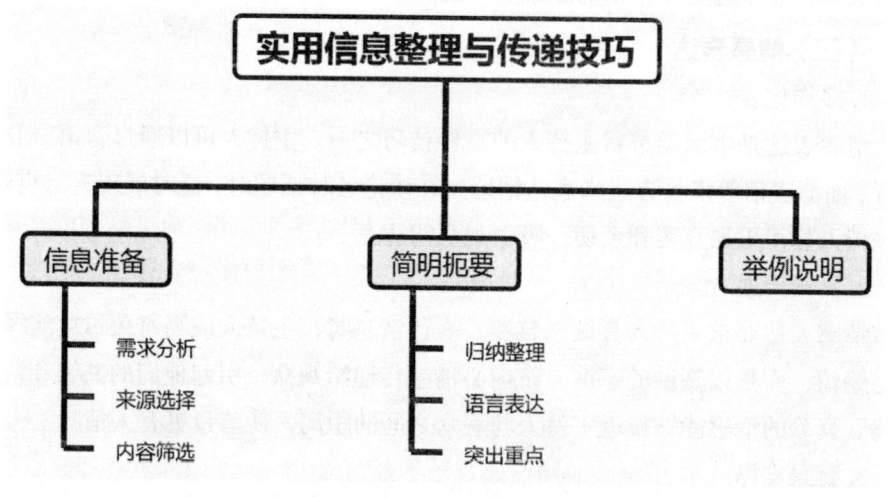

图3-2　实用信息整理与传递技巧

（一）信息准备

1.需求分析

　　在准备实用信息时，主持人首先需要进行观众需求分析，以确保所提供的信息符合观众的需求和兴趣点。通过与观众互动、收集反馈意见以及开展调查问卷等方式，主持人可以深入了解观众对于不同主题内容的需求，以便准确选择适合的实用信息内容。只有充分理解观众的需求，主持人才能更好地满足他们的期待，提供有价值且具吸引力的节目内容。

2.来源选择

　　为了确保所提供信息的准确性和权威性，主持人需要选择具有可信度的信息来源。这包括查阅各种参考书籍、学术期刊、专业网站，以及关注权威机构发布的报告和研究结果等。通过从多种渠道获取信息，并结合不同来源的观点和数据，主持人可以获得全面而准确的信息，从而为观众提供有深度、有广度的实用性知识内容。

3. 内容筛选

经过需求分析和信息收集后，主持人需要对获得的信息进行筛选和整理。在筛选过程中，主持人应当根据观众需求和节目定位，选择与节目主题相关、实用性强的信息。同时，需要确保所传递的信息内容丰富多样，既要有实用性，又要有趣味性，能够吸引观众的注意力并引发他们的思考与讨论。通过精心筛选和完善信息内容，主持人可以为观众带来有趣且实用的知识，提升节目的质量和影响力。

（二）简明扼要

1. 归纳整理

在准备实用信息时，主持人需将信息进行整理归纳，以确保信息具有逻辑清晰和条理性。通过使用目录、关键词、概述等工具，可以帮助主持人更有效地整合信息，使其结构清晰、易于理解。这样不仅能够提升信息传达的效率，也能让观众更容易接受和消化所传递的内容。

2. 语言表达

主持人在传递实用信息时，应当使用简明、通俗易懂的语言，并采用简洁明了的描述方式。避免冗长的叙述和复杂的术语，以确保信息传递更加精准和有效。简单直白的语言表达可以使观众更快地理解和吸收信息，增加信息传递的有效性。

3. 突出重点

主持人在传递实用信息时，应特别注意突出重点和核心内容，以便观众能够更快速地抓住重要信息。通过加重语气、强调关键词或利用图表等视觉辅助工具，主持人可以更好地突出重点，提高信息的吸引力和记忆度。突出重点有助于观众更加有效地理解和运用所传递的实用信息。

（三）举例说明

在传递实用信息时，举例说明是一个非常有效的方法，可以帮助主持人将抽象的概念转化为具体的案例，从而增加信息的可理解性和实用性。通过具体案例的引入，主持人可以让观众更容易理解和应用所传达的知识。

举例说明是将抽象观念具体化的过程，通过生动的案例来说明概念或原则，使其更加具体形象化。例如，当主持人在介绍管理学中的领导力理论时，可以通过举实际企业领导者成功案例来说明不同领导风格对企业发展的影响，让观众更直观地理解领导力理论的实际运用。

主持人还可以借助图片、视频等多媒体形式展示具体案例，以帮助观众更加直观地了解和体验实用信息。通过展示真实案例，观众可以从视觉和听觉上获取信息，增强信息的吸引力和感染力。例如，在介绍新产品设计理念时，主持人可以展示成功案例与失败案例的对比，让观众深入了解设计原则和市场反馈。

主持人在进行案例分析时，可以对案例进行详细地解析和分析，阐明案例背后的原理和机制。通过深入分析案例，主持人可以帮助观众更深入地理解案例的内涵和价值，并将案例与自身实际情境相联系，以便观众能够更好地从中汲取启示和应用。

因此，通过举例说明、案例展示和解析分析等方式，主持人可以使实用信息更生动、更具体，帮助观众更好地理解和应用所传达的知识。这种方法有助于提高观众的参与度和学习效果，使信息更加深入人心，从而提升节目的质量和观众的学习体验感。

三、社会热点与生活话题探讨

在社会热点与生活话题探讨中，通过深度剖析和多维视角分析，主持人能够引导观众深入思考并促进共鸣（图3-3）。

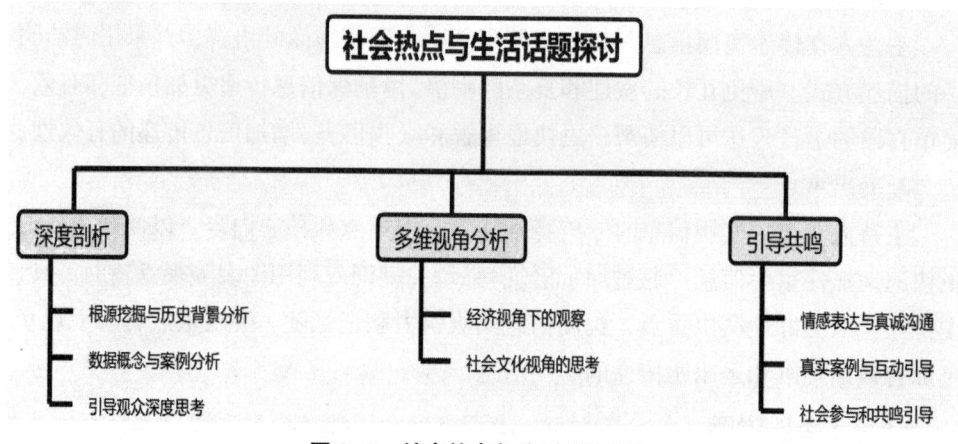

图3-3 社会热点与生活话题探讨

（一）深度剖析

1.根源挖掘与历史背景分析

社会热点和生活话题往往蕴含着复杂而深远的根源和历史背景，需要我们进行深入挖掘和分析。以青少年沉迷网络为例，这一现象背后涵盖着多重因素的交织影响。首先，现代科技的快速发展使互联网成为人们日常生活不可或缺的一部分，然而对于青少年而言，他们更容易受到网络世界的吸引。因此，互联网的普及和便利无疑为青少年沉迷网络问题的形成提供了土壤。其次，家庭教育方式的转变也对青少年沉迷网络起到了一定的推动作用。随着家庭结构的变迁和父母工作忙碌，家庭因素可能无法及时给予青少年足够的关爱和指导，使他们更容易通过网络来寻求情感支持和满足。同时，社交媒体的普及也加剧了青少年沉迷网络的现象。虚拟社交平台的兴起带来了无限的社交可能，但也可能让青少年陷入无休止的比较和焦虑中。了解青少年沉迷网络问题的起源和演变过程，有助于我们更全面地认识问题的本质，并从系统性的角度思考如何有效地应对和解决这一社会问题。通过深入挖掘相关因素的影响机制和相互作用，我们可以针对性地提出预防和干预措施，促进青少年健康成长和良好网络素养的培养。因此，对社会热点和生活话题进行根源挖掘和历史背景分析，是理解问题本质并采取有效措施的关键步骤。

2. 数据概念与案例分析

对于社会热点和生活话题，数据概念和案例分析是深刻理解和剖析问题的重要方法之一。以城市交通拥堵为例，我们可以通过对不同城市的交通流量数据进行分析，了解各城市面临的交通压力和拥堵情况。通过分析数据，我们可以发现交通高峰时段、拥堵路段和常见拥堵原因，为解决交通问题提供客观依据。同时，我们也可以关注公共交通覆盖率等数据，从而评估城市公共交通系统的完善程度和对减轻交通拥堵的作用。除了基础数据分析，案例分析也是理解问题的重要方式。通过研究国内外成功的交通管理案例，我们可以汲取他人的经验教训，找到适合本城市的解决方案。例如，可以分析新加坡的拥堵收费系统、日本东京的高效地铁网络等成功案例，探索其背后的管理机制和运作方式。通过案例分析，我们可以了解不同城市如何应对交通拥堵问题，从中汲取启示和借鉴。综合数据概念和案例分析，我们能够更全面、准确地把握城市交通拥堵问题的本质和关键点，为制定有效的交通管理策略和解决方案提供有力支持。数据和案例的深度挖掘可以帮助我们从多维度思考问题，促使我们找到切实可行的改进方案，实现交通畅通和城市可持续发展的目标。

3. 引导观众深度思考

在深度剖析中，主持人是引导观众进行深思的重要角色。通过多角度、全方位地解读和提问，主持人可以激发观众对话题本身和相关议题的深入思考。讨论生活话题时，主持人可以提出令人思考的问题，引导观众对生活中的现象、价值观以及社会规范进行反思。例如，当探讨工作与家庭关系时，主持人可以提出诸如"怎样平衡工作和家庭责任?""是否在追求事业成功的过程中牺牲了家庭生活?"等问题,来引发观众对自己的价值观和生活选择的重新评估。这种引导思考的方式可以让观众主动投入到讨论中,建立更深入的对话和思考。主持人还可以通过引用相关理论、研究成果或者传统智慧,为观众提供思考的参考框架。通过运用多元化的思维方式和不同学科的视角,主持人可以帮助观众从更广阔的角度审视问题,促使他们形成独立的看法和观点。此外,主持人可以鼓励观众分享个人经历和见解,从而进一步激发观众的思考和讨论。通过引导观众深度思考,主持人可以推动节目内容的深入探究,并为观众提供一个发表观点、交流思想的平台。这种深度思考的互动过程可以使观众更全面地认识生活话题的复杂性和多样性,促进个人的成长和社会的进步。因此,在主持节目时,注重引导观众深度思考能够增加节目的学术价值和深度,推动观众对重要议题的更深层次理解和思考。

(二)多维视角分析

1. 经济视角下的观察

从经济视角观察社会热点和生活话题是极为重要的,因为经济因素深刻影响着社会结构、个体生活和人们的行为选择。以医疗资源分配不均问题为例,经济视角可以提供关键线索,帮助我们理解问题的本质及解决途径。首先,我们需要从财政支出的角度审视问题。在许多国家和地区,医疗资源的分配往往受到财政支出限制的制约。医疗体系的运作需要大量的财政投入,而资源分配不均可能导致一些地区或群体缺乏必要的医疗服务,从而加剧医疗资源的不均衡现象。其次,医疗保险制度也是影响医疗资源分配的重要经济因素。不同的医疗保险制度设计和执行方式会直接影响到人们获取医疗资源的便捷程度,进而影响到医疗资源的均等分配。一些医疗保险制度可能存在覆盖范围狭窄、报销比例不高等问题,导致一些群体无法享受到应有的医疗保障,从而加剧了医疗资源的不均衡。通过经济视角观察医疗资源分配不均问题,我们能够深入了解背后的经济机制和制度性问题,为制定更有效的政策和措施提供理论指导和实践参考。最后,经济视角也有助于揭示医疗资源分配中的利益相关者、市场机制和供需关系,帮助我们认识到医疗资源分配背后的复杂性和多维性,从而推动解决方案的制定更具针对性和可行性。因此,经济视角下的观察不仅可以揭示社会问题的根源和本质,还可以为促进资源公平分配、提升医疗服务水平等方面提供重要的思路。

2. 社会文化视角的思考

在多维视角分析中,社会文化因素的重要性不容忽视。当探讨教育公平话题时,从社会文化视角思考有助于深入理解教育问题的复杂性与深层次影响。首先,社会文化背景对教育公平具有深远影响。不同社会文化传统和价值观念对于对教育的重视程度、对成功定义的偏颇以及对不同群体的机会态度可能存在差异,进而造成教育资源的不均衡分配。家庭教育方式也是社会文化视角下的重要因素。不同家庭对于教育的理念、投入程度、家庭教育支持等都会对孩子的学习成绩和发展产生深远影响,从而影响整体教育公平的实现。同时,社会文化中存在的偏见、歧视现象也可能阻碍了教育的普惠性。通过社会文化视角的考量,我们能够更全面地审视教育公平的现状和存在的问题。其次,社会文化视角还能够帮助我们理解教育制度和政策的制定与落实。不同社会文化给定的教育体系赋予了不同的使命和价值取向,这直接影响教育公平的实现途径与策略选择。通过考察不同社会文化下的教育观念和实践方式,我们可以为建立更公正的教育体系提供宝贵的经验借鉴。最后,社会文化视角的思考也可以激发对教育公平的更深层次讨论和探索。通过挖掘文化认知、社会交往和认同感等方面的影响,我们可以推动更全面、包容性的教育公平观念的形成,并促进社会共识的达成。因此,在探讨教育公平话题时,社会文化视角的运用能够为我们提供更深刻地认识和理解,为促进教育公平的实现提供相关的理论支撑和操作指导。

(三)引导共鸣

1. 情感表达与真诚沟通

在主持社会热点和生活话题探讨时,情感表达与真诚沟通是至关重要的元素。通过真诚的情感表达和有效的沟通方式,主持人可以引导观众对议题产生共情和情感共鸣,从而激发他们内心深处共鸣力量。这种情感沟通应该是真实而贴近生活的,主持人可以分享自己的真实个人经历,让观众在情感上与主持人建立更紧密的联系。通过亲身经历的分享,主持人能够让观众感同身受,使讨论更具有真实性和可信度。此外,主持人还可以运用细腻的情感表达方式,包括语言的抒情、音调的变化和肢体语言的表现等,来增强情感共鸣效果。在沟通中展现出真诚和温暖,让观众感受到主持人的关怀与共情,进而使他们更容易接纳并关注讨论的议题。通过情感表达与真诚沟通,主持人可以打动观众的内心,拉近主持人和观众之间的距离,促成更深入、更具有影响力的对话与互动。这种情感共鸣不仅能够提升节目的吸引力和感染力,还有助于引发观众对于社会议题和生活话题更深层次的思考和共鸣,推动社会的改变和个人的成长。

2. 真实案例与互动引导

在主持节目时,利用真实案例和亲身经历作为引导共鸣的有效策略可以深刻打动观众内心。以家庭关系问题为例,在探讨这一议题时,主持人可以邀请具有相关经历的嘉宾分享他们的家庭故事,通过亲身经历和情感共鸣来引导观众对家庭问题进行深入思考。这种真实案例的分享不仅能够让观众感同身受,更能让他们从实际中领悟到家庭关系中的琐事、困惑和情感。通过分享家庭故事,观众可以在情感上与讨论建立联系,并且更容易理解和认同节目内容。此外,亲身经历的分享还可以为观众提供实用的参考和启示,帮助他们更好地应对家庭中的挑战和困境。通过真实案例和互动引导,主持人能够拉近观众与话题之间的距离,使讨论更加贴近生活、真实而具体。这种方式不仅增强了节目的互动性和吸引力,也提升了节目内容的丰富度和影响力。因此,在主持节目时,主持人运用真实案例和亲身经历作为共鸣引导手段,可以更好地引发观众的思考和情感共鸣,引发节目效果的提升和深度讨论的展开。

3. 社会参与和共鸣引导

在主持节目时,通过促进社会参与和互动来引导共鸣是一种具有深远影响的策略。以环保议题为例,在讨论环保话题时,主持人可以邀请观众分享他们在环保实践方面的经验和见解。通过这种互动形式,观众不仅仅是被动接受信息,而是被鼓励主动参与讨论并与其他观众分享。这种社会参与的方式不仅能够增强观众对环保问题的认识和了解程度,还可以激发更广泛的共鸣和行动。观众之间的互动与分享有助于形成群体共识和协作,进一步推动环保理念的传播和实践。通过建立一个开放、互动的平台,主持人可以引导观众积极参与到社会议题的讨论中,促进各界人士的共同努力和行动。此外,促进社会参与还可以加强公众对议题的关注度,从而形成更广泛的社会共鸣,推动社会正面变革和可持续性发展。因此,在主持节目时,主持人应当重视促进观众的社会参与和互动,借此引导观众产生更深层次的共鸣和行动,从而为社会问题的解决和解决贡献自己的力量。

单元二 情感交流与听众互动技能培养

一、情感表达与共情能力培养

情感表达与共情能力培养在健康生活类节目中具有重要意义,它们不仅可以增强主持人与观众之间的情感连接,还能够促进有效地沟通与互动(图3-4)。

```
                    情感表达与共情能力培养
        ┌──────────────────┼──────────────────┐
   情感表达的重要性      共情能力的培养      情感表达与共情能力相辅相成
   ├ 表达是有效沟通的基础  ├ 倾听能力的培养    ├ 情感表达是共情能力的外在表现
   └ 加强与观众的情感连接  ├ 换位思考和视角转换 ├ 共情能力帮助主持人理解观众情感
                          └ 提升情绪感知和表达能力 └ 情感表达和共情能力共同促进有效沟通
```

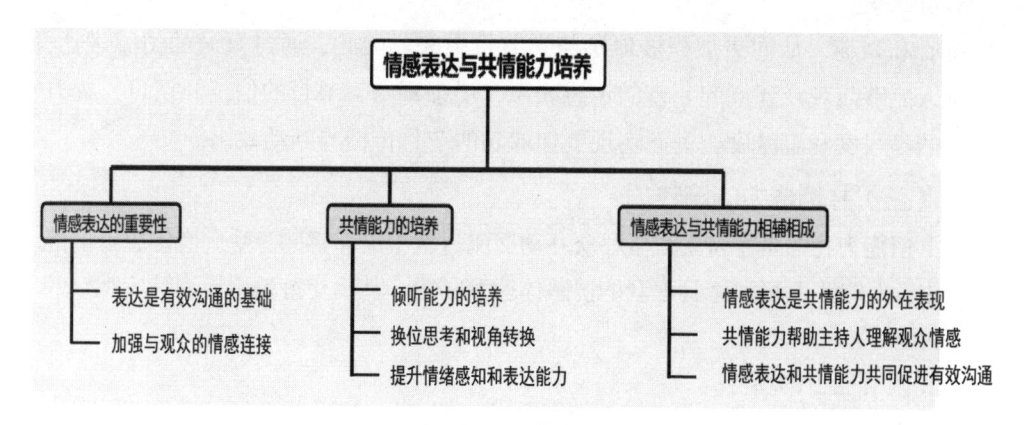

图 3-4　情感表达与共情能力培养

（一）情感表达的重要性

1. 表达是有效沟通的基础

情感表达在人与人之间的有效沟通中扮演着至关重要的角色。作为主持人，通过语言、表情、肢体语言和声音等多种方式来传达自己的情感和态度，是实现有效沟通的基础。情感表达的直观性和生动性使其能够深入触及观众的内心，引发与观众之间的情感共鸣，进而增强观众的参与度和理解力。语言作为最常用的沟通方式之一，主持人可以通过语言的语调、语速、用词和表达方式等来传达自己的情感态度，例如通过使用亲切、温暖的语言来表达关怀和亲近，或者通过生动、形象的描述来激发观众的想象力和引发观众的共鸣。此外，表情和肢体语言也是情感表达的重要组成部分，主持人可以通过微笑、眼神交流、姿势和动作等来传达自己的情感状态和态度，增强与观众之间的情感联系。声音是情感表达的载体之一，主持人可以通过音量、音调、节奏等来表达自己的情感和态度，从而影响观众的情绪和情感体验。

2. 加强与观众的情感连接

通过真诚的情感表达，主持人能够与观众建立起深厚的情感连接，这是促进观众倾听和参与节目的重要途径。情感表达不仅是主持人对节目的真实情感和态度的展示，也是一种与观众之间建立情感联系的桥梁。主持人通过真诚、自然的情感表达，能够让观众感受到主持人的真诚和热情，从而增强他们对节目的信任和认可。当观众感受到主持人的情感投入和关怀时，他们会更加愿意倾听和参与节目，因为他们能够感受到自己在节目中的重要性和价值，进而产生更强烈的共鸣和情感连接。此外，情感表达也能够增强观众对节目的兴趣和关注度。当观众感受到主持人对节目内容的热情和认可时，他们会自然而然地被激发出对节目的好奇心和兴趣，从而更加积极地参与到节目中来。因此，通过真诚的情感表达，主持人能够与观众建立起紧密的情感联系，增强观众对节目的信任和认可，提升他们的参与度和忠诚度，进而实现更加成功的节目传播与互动效果。

（二）共情能力的培养

共情能力指的是主持人在与观众互动交流过程中能够感同身受、换位思考的能力。主持人能够理解和体验观众的情感体验和需求，从而更好地引导和呼应观众的情绪。

1. 倾听能力的培养

培养倾听能力对于主持人来说是至关重要的，因为它是建立有效沟通和共情能力的基石。倾听不仅是简单地听取观众的意见和反馈，更重要的是要以耐心和真诚的态度聆听，并且关注他们的情感表达。首先，主持人需要具备耐心的品质，以确保在与观众交流的过程中能够给予其足够的时间和空间，让观众充分表达自己的意见和情感。耐心地倾听能够让观众感受到被尊重和重视，从而更愿意与主持人进行互动和沟通。其次，主持人需要对与观众的交流保持兴趣和关注，而不是仅仅机械地听取信息。通过关注观众的情感表达，主持人能够更好地理解观众想要传达的信息和情感，从而建立起更加深入的共情连接。此外，主持人还需要具备分辨信息的能力，以确保能够准确理解观众所传达的信息和情感，避免出现误解或者误判的情况。

2. 换位思考和视角转换

主持人的成功与否在很大程度上取决于其对观众的理解能力和沟通能力，而换位思考和视角转换则是实现这一目标的重要方法之一。换位思考意味着主持人需要从观众的角度去理解问题和情感，设身处地为观众考虑。这种行为不仅要求主持人在与观众互动交流时能够积极倾听和关注观众的反馈和意见，更重要的是要能够理解观众的情感状态和需求，从而能够更好地为他们提供内容和服务。通过换位思考，主持人能够更深入地了解观众的内心世界，洞察他们的喜好、期待和痛点，从而更加精准地制定互动策略和节目内容，增强与观众之间的共鸣和联系。视角转换则是换位思考的具体实践，主持人需要能够站在观众的角度去审视问题和情境，从而更好地把握观众的感受和需求。例如，主持人在策划节目内容时可以考虑观众的兴趣爱好和文化背景，选择更适合他们的话题和形式；在与观众互动时，主持人可以站在观众的角度去思考他们可能会产生的疑问或者反馈，及时作出回应和调整。

3. 提升情绪感知和表达能力

提升情绪感知和表达能力对于主持人来说至关重要，因为它们直接关系到与观众的情感连接和沟通效果。首先，主持人应该培养自身敏锐的情绪感知能力，能够准确捕捉观众的情感变化。这需要主持人具备良好的观察力和洞察力，能够从观众的言语、表情、肢体语言等细微的变化中感知到他们的情绪状态。通过观察和分析观众的反馈和互动，主持人可以了解观众对节目内容的喜好和情感反应，进而及时调整节目的节奏、内容或者互动形式，以更好地满足观众的需求，增强情感共鸣。其次，主持人还应该适当表达自己的情感，以便观众更好地理解和产生共鸣。情感表达包括语言、声音、表情和肢体语言等多种形式，主持人可以通过这些方式来传达自己对节目内容的热情、认同或者关怀，从而引导观众产生共鸣和情感连接。然而，主持人在表达情感时需要注意适度，避免过度夸张或者不当表达，以免引起观众的反感或者误解。

（三）情感表达与共情能力相辅相成

情感表达和共情能力是相辅相成的，两者相互促进、相互支持。

1. 情感表达是共情能力的外在表现

情感表达作为主持人共情能力的外在展现，扮演着至关重要的角色。通过情感表达，主持人能够将自己的情感态度传递给观众，从而建立起与观众的情感共鸣和连接。例如，主持人可以通过真诚的语言、温暖的笑容和生动的表情来表达自己对观众的关怀和理解，引起观众的共鸣和信任。这种情感表达不仅能够增强节目的吸引力和影响力，还能够促进主持人与观众之间更深层次的情感交流和互动。

情感表达的有效性在于其能够引发观众的情感共鸣，从而加强与观众之间的情感联系。主持人的情感表达应当真实、自然，能够打动观众的内心，引发他们的共鸣和共情。通过情感表达，主持人能够让观众感受到自己对节目内容的热情和投入，从而增强他们对节目的兴趣和参与度。因此，情感表达不仅是主持人共情能力的外在表现，更是建立与观众之间情感连接的关键一环。

2. 共情能力帮助主持人理解观众情感

共情能力使主持人能够更深入地理解观众的情感体验和需求，从而更好地回应观众的情绪。共情能力涵盖了对他人情感状态的敏感度和理解能力，主持人通过培养共情能力能够更加敏锐地感知观众的情感变化，理解他们的情感体验，并做出相应的回应。例如，当观众在节目中表达出喜悦、悲伤或愤怒等情感时，主持人能够通过共情能力更好地理解观众的情感背后的原因和需求，从而更有效地引导节目内容，满足观众的情感需求。

共情能力还使主持人能够更好地引导节目内容朝着观众需求方向发展。通过深入理解观众的情感体验和需求，主持人能够更准确地把握观众的兴趣点和关注

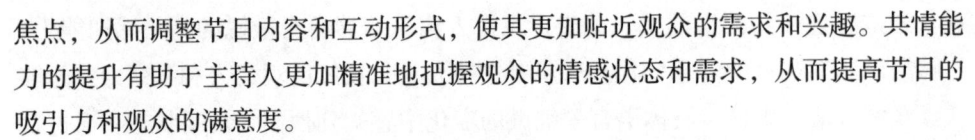

焦点，从而调整节目内容和互动形式，使其更加贴近观众的需求和兴趣。共情能力的提升有助于主持人更加精准地把握观众的情感状态和需求，从而提高节目的吸引力和观众的满意度。

3. 情感表达和共情能力共同促进有效沟通

情感表达和共情能力的结合促进了与观众之间的有效沟通。情感表达使主持人能够将自己的情感态度真实地传递给观众，从而增加观众对自己的理解和认同。与此同时，共情能力使主持人能够更深入地理解观众的情感体验和需求，作出更加贴近观众心理的回应，进而建立起更加紧密和真实的情感连接。

通过情感表达和共情能力的共同作用，主持人能够实现与观众之间的情感共鸣和联系，从而增强节目的影响力和吸引力。情感表达帮助观众了解主持人的情感态度，而共情能力使主持人能够更好地理解和回应观众的情感需求，实现双方之间的情感交流和互动。这种有效沟通不仅能够增强观众对节目的投入度和参与感，还能够促进节目内容的质量提高，实现与观众之间更加密切的关系。

二、听众互动与话题引导

在健康生活类节目中，与听众的互动和话题引导扮演着至关重要的角色，它们不仅可以增强节目的生动性和参与感，还能够促进观众的积极参与和互动体验（图 3-5）。

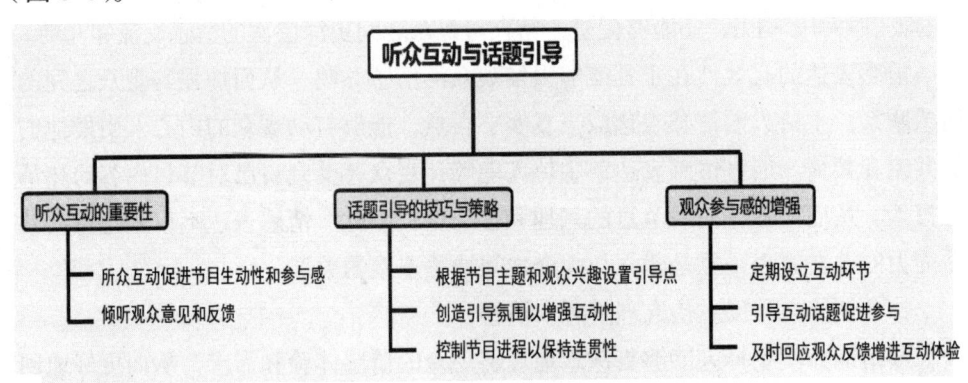

图 3-5 听众互动与话题引导

（一）听众互动的重要性

1. 听众互动促进节目生动性和参与感

听众互动被认为是节目的生命力的关键。通过与观众的互动，主持人能够使节目更加活跃和生动。互动不仅仅是单向的信息传递，而是双向的交流，能够让观众更加积极地参与到节目中来，从而增强节目的趣味性和吸引力。

与观众的互动能够实现主持人与观众之间的情感连接。通过互动，主持人能够拉近与观众的关系距离，建立起更加密切的情感联系。观众会因为能够参与到节目中而感到被重视和尊重，从而增强他们的参与感和投入度，使节目更具吸引力。

2.倾听观众意见和反馈

通过与观众的互动，主持人能够及时倾听观众的意见和反馈。观众通过电话、短信、社交媒体等渠道向节目提供反馈，主持人可以通过这些反馈了解观众的喜好和需求，从而更好地调整节目内容，使其更贴近观众的喜好和期待。

倾听观众意见和反馈有助于提升节目品质和观赏性。观众是节目的最终受众，他们的反馈是节目改进的重要依据。主持人通过认真倾听观众的意见和反馈，能够及时发现问题和不足之处，并采取相应的措施进行改进，从而提升节目的品质和观赏性，增强观众的满意度和忠诚度。

（二）话题引导的技巧与策略

1.根据节目主题和观众兴趣设置引导点

（1）调研观众兴趣与偏好

在节目策划初期，主持人应该进行充分的市场调研和观众分析，了解目标受众的兴趣点和偏好。通过问卷调查、社交媒体留言分析等手段，获取观众的反馈和建议，为后续的引导点设置提供有力支持。

（2）确定节目主题和核心内容

根据观众调研结果和市场需求，主持人要明确节目的主题和核心内容。确立清晰的节目定位，有助于更精准地设置引导点，引导观众的注意力集中在关键话题上，增强节目的吸引力和影响力。

（3）设定引导问题和话题导向

针对节目每个环节，主持人应该精心设计引导问题和话题导向。这些问题和导向应该与节目主题紧密相关，能够引发观众的思考和讨论，帮助节目顺利展开，并引导观众在讨论中深入探讨相关议题。

（4）灵活运用引导技巧

在实际主持节目时，主持人需要灵活运用各种引导技巧，如提问、示范、引用案例等，引导嘉宾和观众参与讨论，推动节目内容的深入发展。同时，主持人还可以适时调整引导策略，根据实际情况灵活应对，确保引导效果的最大化。

2.创造引导氛围以增强互动性

（1）营造轻松愉快的氛围

主持人在节目中应该以轻松幽默的方式与观众互动，营造愉快轻松的节目氛围。通过幽默风趣的语言和生动形象的表达，吸引观众的注意力，增强他们的参与感和互动性，使节目更加生动有趣。

（2）借助声音和表情增强引导效果

主持人可以通过调节声音的语调和音量，以及灵活运用丰富的面部表情，增强引导效果。通过声音和表情的变化，主持人可以更好地引导观众的情绪和注意力，使他们更加专注于节目内容，并积极参与到讨论中来。

（3）提供互动平台和工具

为了增强节目的互动性，主持人可以提供各种互动平台和工具，如社交媒体平台、在线投票系统等。观众可以通过这些平台和工具与主持人和其他观众进行实时互动，分享自己的观点和看法，增强节目的参与感和互动性。

3.控制节目进程以保持连贯性

（1）设定节目框架和时间安排

在节目策划阶段，主持人应该设定清晰的节目框架和时间安排，明确各个环节的内容和时长。在实际主持节目时，要严格控制节目的进程，按照预先设定的时间表进行安排，确保节目的连贯性和流畅度。

（2）把握讨论的节奏和重点

主持人在引导讨论过程中，要及时把握讨论的节奏和重点，引导嘉宾和观众集中讨论关键问题，避免偏离节目主题。通过提问、总结等方式，帮助节目内容紧密围绕主题展开，保持讨论的连贯性和逻辑性。

（3）及时调整引导策略

在实际主持节目时，主持人需要根据实际情况及时调整引导策略。如果发现讨论偏离主题或者节目进程不够流畅，主持人应该果断采取有效措施，调整引导策略，确保节目内容的连贯性和质量。

（三）观众参与感的增强

1.定期设立互动环节

（1）设置互动环节的重要性

定期设立互动环节是增强观众参与感的关键举措之一。这样的环节不仅可以激发观众的热情和积极性，还能够让他们成为节目的积极参与者。

（2）选择合适的互动形式

主持人应该根据节目类型和观众群体的特点选择合适的互动形式。可以是直播中的问答环节、线上投票、观众来信来电等多种形式。确保这些互动环节既具有趣味性又能够提高观众的参与度。

（3）鼓励观众积极参与

在互动环节中，主持人要积极鼓励观众参与，鼓励他们提出问题、分享看法或者参与互动游戏。可以设置奖品或者送出小礼品作为参与奖励，进一步激发观众的积极性。

（4）建立互动反馈机制

为了更好地了解观众的需求和反馈，主持人可以建立起互动反馈机制。可以通过社交媒体、直播平台等渠道收集观众的意见和建议，及时调整节目内容和形式，提升观众的参与感和满意度。

2.引导互动话题促进参与

（1）选择引人入胜的话题

主持人在引导互动话题时，应该选择那些引人入胜、具有争议性或有讨论度的话题。这样的话题能够引发观众的兴趣和思考，激发他们参与讨论的热情。

（2）提出具有启发性的问题

主持人可以提出具有启发性的问题，引导观众思考和表达自己的观点。可以是关于社会热点、文化现象、个人生活等各方面的问题，通过这些问题引发观众的共鸣和讨论。

（3）积极引导讨论

在互动话题的讨论过程中，主持人要积极引导讨论，鼓励观众分享自己的见解和经验。可以通过提问、分享案例等方式，增强讨论的广度和深度，增强观众的参与感和互动性。

（4）及时总结和归纳

在讨论结束时，主持人可以及时总结和归纳讨论的要点和结论，表达对观众参与的感谢和肯定。这样可以让观众感受到自己的意见和看法受到重视，增强他们的参与感和归属感。

3.及时回应观众反馈增进互动体验

（1）建立双向沟通渠道

主持人应该建立起双向沟通的渠道，及时回应观众的反馈和提问。可以通过社交媒体、直播平台等方式与观众进行互动，解答他们的疑问，增进与观众的互动体验。

（2）重视观众反馈

主持人需要重视观众的反馈意见，认真倾听他们的建议和意见。可以在节目中适时引用观众的反馈内容，表达对他们的感谢和尊重，增强观众的参与感和归属感。

（3）提供个性化服务

针对不同的观众群体，主持人可以提供个性化的服务和关怀。可以针对特定群体设置定制化的互动环节，满足他们的需求和期待，增强观众的参与感和忠诚度。

（4）持续改进和优化

主持人需要不断改进和优化节目内容和形式，以提升观众的参与感和满意度。可以定期进行节目评估和调研，了解观众的需求和反馈，及时调整节目策略和内容，持续提高节目的质量和影响力。

三、社交媒体互动与参与性增强

社交媒体已成为主持人与观众互动的重要平台之一，具有便捷、广泛传播和时时性等优势。主持人可以通过社交媒体发布节目信息、互动话题，收集观众意见和反馈，增强与观众之间的互动性和连通性，提升节目的参与性（图3-6）。

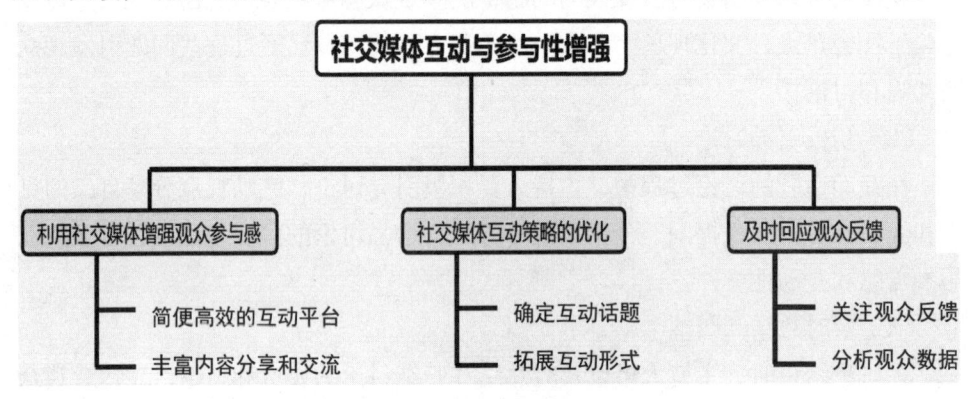

图3-6 社交媒体互动与参与性增强

（一）利用社交媒体增强观众参与感

1.简便高效的互动平台

社交媒体作为一种广泛应用的互动平台，在现代传媒中发挥着重要的作用。其简便高效的特性使主持人得以通过多种社交媒体渠道（如微博、微信等）与观众进行实时互动。这种互动形式不仅在传统媒体的基础上扩展了传播渠道，更在时间和空间上打破了传统媒体的局限性，使观众可以在任何时间、任何地点参与到节目中来。主持人通过发布节目信息、提出互动话题以及与观众实时互动，极大地增强了观众的参与感。观众可以通过即时评论、转发分享等方式与主持人进行互动，表达自己的观点、情感和意见。这种互动不仅促进了主持人与观众之间的沟通和交流，还增强了节目的互动性和吸引力，提升了观众的粘性和忠诚度。同时，社交媒体平台上的互动还可以为节目制作团队提供宝贵的反馈和建议，帮助他们更好地了解观众需求，优化节目内容和形式，提高节目质量和影响力。因此，社交媒体作为简便高效的互动平台，不仅为传统媒体带来了新的发展机遇，也为观众提供了更加丰富多彩的参与体验感，推动了传媒行业的创新与发展。

2. 丰富内容分享和交流

社交媒体为主持人提供了一个广阔的舞台，让他们能够以更为丰富多样的形式与观众进行互动和分享。主持人通过社交媒体平台可以分享节目幕后花絮、精彩片段以及嘉宾访谈等内容，这些丰富的内容不仅能够吸引观众的关注和参与，也有助于扩大节目的影响力和传播范围。节目幕后花絮的分享能够让观众更加深入地了解节目制作的过程和背后的故事，增加了观众的好奇心和兴趣。精彩片段则可以通过短视频或者精彩照片的形式展现节目的精华部分，吸引更多的观众点击观看，提高节目的曝光度和知名度。此外，嘉宾访谈的分享也是社交媒体上常见的内容之一，通过与知名人士或专业人士的访谈，主持人不仅可以为观众带来有价值的信息和见解，同时能够借助嘉宾的影响力吸引更多的观众关注和参与。

在社交媒体平台上，观众也有机会与主持人进行互动，表达自己的看法、意见和建议。观众可以通过评论、转发等方式与主持人进行实时互动，分享自己的观点和感受，与其他观众进行交流和讨论。这种互动不仅加强了观众之间的联系和沟通，也使主持人更加了解观众的需求和喜好，有助于节目内容的优化和改进。同时，观众的参与也为节目制作团队提供了宝贵的反馈和建议，有助于他们更好地把握观众的口味，提高节目的质量和受欢迎程度。

（二）社交媒体互动策略的优化

1. 确定互动话题

主持人在社交媒体上定期发布相关的互动话题，是一种有效的互动策略，能够激发观众的兴趣，提高互动参与率，进而增强观众与节目之间的互动体验。这些互动话题通常会根据当下的热点话题、观众的关注度以及节目的主题来确定。通过抓住当下热点话题，主持人可以引发观众的共鸣和关注，使他们更愿意参与到讨论中来。同时，考虑到观众的关注度也是至关重要的，主持人需要关注观众的反馈和需求，选择与他们兴趣相关的话题，以确保互动的有效性和参与度。此外，互动话题还应该与节目的主题相契合，以确保与节目内容的一致性和连贯性。通过定期发布相关互动话题，主持人能够有效地与观众进行互动，增强观众的参与感和忠诚度，同时有助于提升节目的影响力和知名度。

2. 拓展互动形式

主持人在社交媒体上开展互动不仅局限于提出问题和话题，还可以通过设立投票、打卡签到等形式的互动环节，来引导观众积极参与，增加互动的趣味性和多样性。通过设置投票环节，主持人可以让观众在几个选项之间进行选择，例如投票选出他们最喜欢的节目片段、最喜欢的嘉宾或者最期待的节目主题等，这样的互动形式既能够让观众参与到决策过程中来，又能够增加他们的参与感和投入度。另外，设立打卡签到的互动环节也是一种常见的形式，观众可以通过在指定的时间点进行签到，表明自己对节目的关注和支持，主持人可以根据签到人数和情况进行回馈来奖励参与者，进一步激发观众的参与热情。除此之外，主持人还可以设计一些有趣的互动游戏或者挑战，如抽奖环节、答题比赛等，让观众在参与互动的同时能够感受到一定的乐趣和刺激，从而增加他们的互动积极性和参与度。

（三）及时回应观众反馈

1. 关注观众反馈

主持人在社交媒体上需要密切关注观众的评论和反馈，这是建立良好互动关系、提高节目质量的关键一环。观众的评论和反馈往往能够直接反映出他们对节目的看法、期望和需求，因此主持人应当及时地回应观众提出的问题、意见和建议。通过与观众的双向沟通，主持人能够增进与观众之间的理解和信任，建立起良好的互动关系。对于观众的问题，主持人可以提供解答或者进一步引导讨论；对于观众的意见和建议，主持人应当虚心接受，并且在适当的情况下考虑采纳，以不断改进节目质量。此外，主持人还可以通过回复观众的评论或者私信，向他们表达感谢和关心，让观众感受到自己的重视和关注。通过这种方式，主持人能够建立起更加紧密地与观众的联系，增强他们的忠诚度和黏性，同时能够更好地把握观众的需求，进一步提升节目的质量和影响力。因此，密切关注观众反馈并及时回应是主持人在社交媒体上进行互动的重要策略，能够有效促进互动效果的提升，实现与观众之间更加紧密的互动关系。

2. 分析观众数据

社交媒体数据分析对于主持人制定更加精准和有针对性的互动策略具有重要意义。通过深入分析观众数据，主持人可以深入了解观众的喜好、行为习惯以及参与程度，从而更好地满足观众的需求，提升互动效果和观众满意度。首先，通过分析观众的喜好，主持人可以了解观众对不同内容类型和主题的偏好，以及他们喜欢的互动形式和媒体呈现方式。例如，某些观众可能更倾向于音频或视频形式的节目，而另一些观众则更喜欢文字或图片内容。通过了解观众的喜好，主持人可以根据观众的口味调整节目内容和互动形式，提高观众的参与度和满意度。其次，通过分析观众的行为习惯，主持人可以了解观众在社交媒体上的活跃时间、浏览频率以及使用设备类型等信息。这些数据可以帮助主持人确定最佳的发布时间，选择最适合的内容形式，优化互动体验，从而提升互动效果和观众满意度。最后，通过分析观众的参与程度，主持人可以评估互动活动的效果，发现问题并及时调整策略。例如，如果某个互动活动的参与度较低，主持人可以进一步分析原因，并尝试改进策略，以提升观众的参与度和满意度。

单元三　健康生活类节目主持与专业素养培养

一、健康生活类节目特点与需求

在探讨健康生活类节目的特点和观众需求之前，让我们先来了解一下这类节目的基本特征以及观众对这些节目的期待（图3-7）。

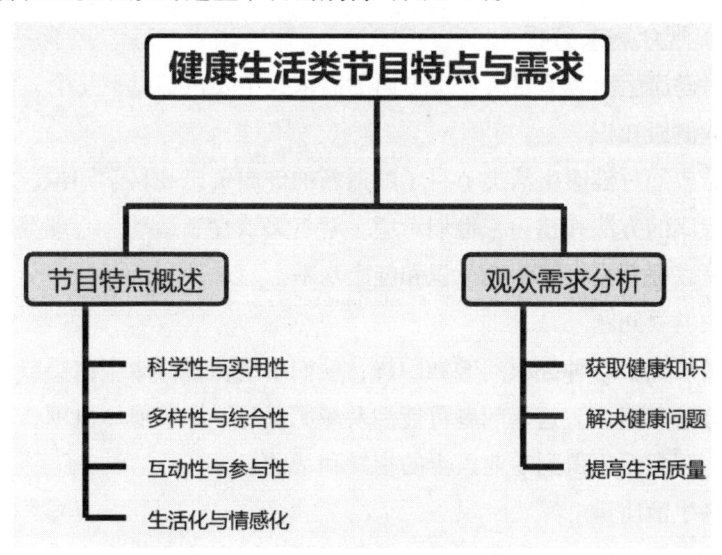

图3-7　健康生活类节目特点与需求

（一）节目特点概述

健康生活类节目在当今社会备受关注，其特点主要体现在以下几个方面。

1. 科学性与实用性

健康生活类节目注重传递科学、实用的健康知识和建议。这些节目通常由专业医生、营养师、健康专家等领域内的专业人士担任主持或嘉宾，他们通过专业的讲解和实例分析，向观众传递最新的医学、营养学等诸多方面的知识，帮助观众理解身体的运作机制，掌握科学的生活方式。

2. 多样性与综合性

健康生活类节目涵盖了广泛的话题，包括但不限于饮食营养、运动健身、心理健康、睡眠质量、药物安全等方面。这些节目会针对不同的健康问题进行讨论和解析，从多个角度提供健康建议，以满足不同观众群体的需求。

3. 互动性与参与性

健康生活类节目注重与观众的互动，通过电话、网络平台、现场互动等方式，接受观众的提问。观众可以在节目中就自己的健康问题进行咨询，获得专业的解答和建议，增强了节目的参与感和互动性。

4. 生活化与情感化

健康生活类节目会将健康知识与生活实践相结合，注重将专业知识转化为生活中的实际行动。同时，这类节目也会注重情感化的表达，通过真实的案例、亲身经历等方式，触动观众的情感，激发他们对健康生活的重视和行动。

（二）观众需求分析

观众对健康生活类节目有着多方面的需求，主要包括以下几个方面。

1. 获取健康知识

观众希望通过健康生活类节目了解最新的健康资讯和科学知识，掌握预防疾病、促进健康的方法和技巧。他们希望了解有关饮食、运动、心理健康等方面的专业建议，以提升自己的健康意识和健康水平。

2. 解决健康问题

观众可能面临各种健康问题和困扰，他们希望通过健康生活类节目获得针对性地解决方案和建议。这些问题可能涉及减肥瘦身、调节血压血糖、改善睡眠质量等方面，观众希望得到专业人士的指导和帮助。

3. 提高生活质量

观众希望通过健康生活类节目改善自己的生活方式，提高生活质量。他们希望了解如何合理饮食、科学运动、有效减压、保持良好的心态等方面的知识和方法，以实现身心健康的平衡和提升。

二、专业知识储备与解读能力

在探讨主持人在健康生活类节目中的专业知识储备和解读能力之前，让我们先来思考一下如何确保他们能够始终保持学习态度并跟上行业的最新发展（图3-8）。

```
                专业知识储备与解读能力
                         │
        ┌────────────────┼────────────────┐
   专业知识储备        不断学习更新         解读能力强
     │                    │                    │
     ├─人体解剖生理        ├─参加健康领域的培训和研讨会   ├─练习简单明了的表达
     ├─疾病诊断治疗        ├─阅读专业书籍和期刊          ├─善于总结归纳
     ├─营养学             ├─关注健康科普平台           ├─注重情感表达
     ├─运动科学           └─参与在线课程和讲座          └─借助视听媒体
     └─心理学
```

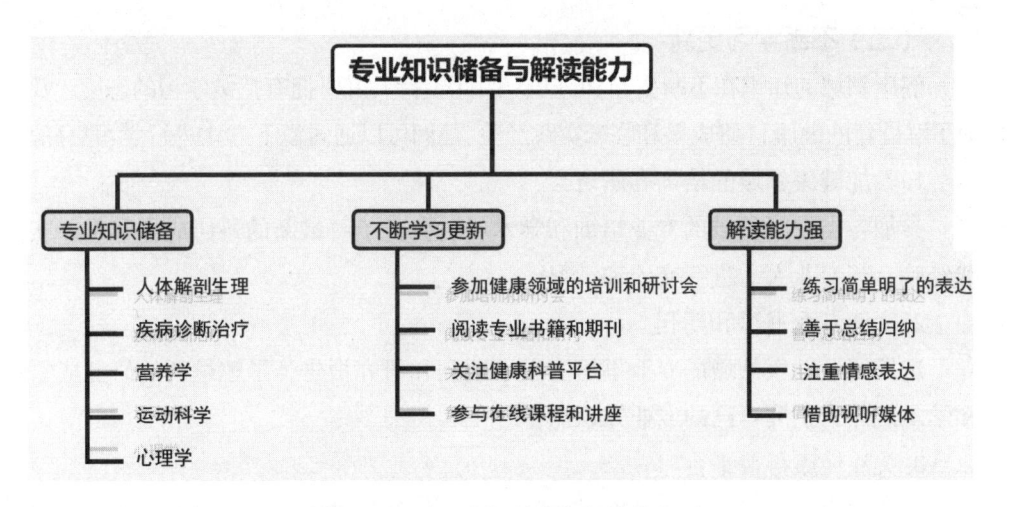

图 3-8　专业知识储备与解读能力

（一）专业知识储备

主持人在健康生活类节目中必须具备丰富的相关专业知识储备，以确保他们能够准确理解和传递健康信息，提供权威的健康建议。这种专业知识储备应该涵盖多个领域，包括以下几个方面。

1. 人体解剖生理

主持人需要了解人体各个系统的结构及功能，如心血管系统、呼吸系统、消化系统等。这有助于他们在节目中解释身体状况、疾病发生机制等相关内容。

2. 疾病诊断治疗

主持人需要了解各种常见疾病的病因、临床表现、诊断方法和治疗原则，以便向观众提供正确的健康建议和防治措施。

3. 营养学

了解食物的营养成分、不同营养素对人体的作用以及饮食与健康之间的关系。这对于指导观众合理饮食、科学减肥等方面至关重要。

4. 运动科学

了解运动对身体的益处、不同运动方式对身体的影响以及运动的安全性等知识。这有助于主持人向观众推荐适合的运动方式，提升身体素质和健康水平。

5. 心理学

了解心理健康的重要性、常见心理问题的表现及处理方法，以帮助观众维护心理健康、缓解压力和焦虑等问题。

（二）不断学习更新

健康领域的知识在不断更新和进步，因此主持人需要拥有持续学习的态度，及时了解最新的健康科研成果和临床实践经验。他们可以通过以下方式进行学习更新。

1. 参加健康领域的培训和研讨会

参加各类健康领域的专业培训和学术研讨会，了解最新的科研成果和临床实践经验，与专业人士进行交流和学习。

2. 阅读专业书籍和期刊

定期阅读健康领域的专业书籍、学术期刊和研究报告，了解最新的研究成果和学术观点，扩展自己的专业知识储备。

3. 关注健康科普平台

关注健康科普平台和专业医学网站，浏览最新的健康资讯和科普文章，学习专家的观点和建议，保持对健康领域的关注和了解。

4. 参与在线课程和讲座

参与健康相关的在线课程和讲座，学习专家分享的健康知识和技能，提升自己在健康领域的专业水平。

（三）解读能力强

除具备丰富的专业知识外，主持人还需要具备良好的解读能力，能够将专业知识转化为通俗易懂的语言，向观众传递清晰、准确、简明的健康信息。为了提高自己的解读能力，主持人可以从以下几个方面入手。

1. 练习简单明了的表达

在节目中，主持人应该尽量避免使用过于专业化或晦涩难懂的专业术语和语言，而是要采用通俗易懂、简洁明了的表达方式，确保观众能够轻松理解。他们应该用通俗的语言解释复杂的健康概念，通过生动的比喻和案例，让观众轻松理解并感受到相关知识的实用性和重要性。

2. 善于总结归纳

主持人需要具备将专业知识进行归纳和总结的能力，将繁杂的健康信息简化成易于消化的内容。他们可以将复杂的健康原理和建议归纳为几个关键要点，帮助观众更好地理解和记忆。

3. 注重情感表达

在解读健康知识时，主持人应该注重情感表达，使观众能够从情感上产生共鸣和认同。主持人可以通过分享真实的案例、个人经历或感人的故事，增强观众关注度和信任度。

4.借助视听媒体

在节目中,主持人可以借助视听媒体的优势,采用图片、图表、视频等形式来解释健康知识,使观众能够通过多种感官更直观地理解相关内容。

三、客观中立与言论负责

在保持客观中立和言论负责的同时,主持人还应该具备权衡各方观点的能力,以确保节目内容的多样性和公正性(图3-9)。

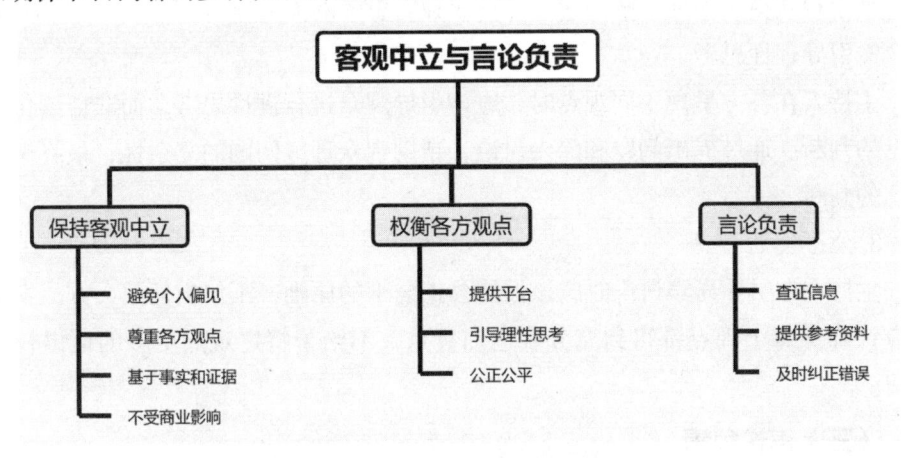

图3-9 客观中立与言论负责

(一)保持客观中立

主持人在健康生活类节目中的客观中立十分关键。客观中立意味着不偏不倚地传递信息,不受任何个人情感、商业利益或政治立场的影响。为了维护客观中立的原则,主持人应该从以下几个方面入手。

1.避免个人偏见

主持人应该意识到自己的个人偏见可能影响到节目内容的客观性,因此需要尽可能保持中立的立场,不偏向任何特定观点或立场。

2.尊重各方观点

在涉及争议性话题时,主持人应该尊重并呈现各方观点,确保节目内容的多样性和包容性。通过展示不同观点,观众可以更全面地了解问题的复杂性。

3.基于事实和证据

主持人在节目中的言论应该建立在客观的事实和可靠的证据基础上。不应该随意夸大或歪曲事实,而是要确保所传递的信息真实可信。

4.不受商业影响

主持人应该远离商业利益的影响,不因为某种商业利益而偏向特定观点或产品。节目内容应该以观众的健康利益为重，而非商业利益。

（二）权衡各方观点

在处理争议性话题时，主持人应该权衡各方观点，呈现多元化的声音和意见。为了做到这一点，主持人可以从以下几点入手。

1. 提供平台

主持人可以为不同观点提供公平的平台，让不同立场的人士进行表达和讨论。这有助于观众更全面地了解问题，并形成独立思考的能力。

2. 引导理性思考

主持人在各方呈现不同观点时，应该引导观众进行理性思考，而非情绪化或偏见的判断。通过提出问题和深入讨论，帮助观众理解问题的复杂性，最终做出自己的判断。

3. 公正公平

主持人在引导嘉宾讨论时应该保持公正公平的原则，不偏袒任何一方。主持人应该确保每个观点都得到充分表达和尊重，不给予特定观点更多的话语权或时间。

（三）言论负责

言论负责是主持人在节目中言论表达的基本原则。主持人应该确保所传递的信息准确可靠，不得发布未经证实的健康信息，更不能散播谣言或误导观众。为了做到这一点，主持人应做到以下几点。

1. 查证信息

在传递健康信息之前，主持人应该仔细核实信息的来源和准确性。不应该随意传播未经证实的消息，而是应该确保所传递的信息具有科学依据和权威认可。

2. 提供参考资料

为了让观众更好地了解健康信息的来源和可信度，主持人可以提供相关的参考资料或链接，让观众自行查证。这有助于建立观众对节目的信任和认同。

3. 及时纠正错误

如果在节目中出现错误或不准确的信息，主持人应该及时纠正并向观众致歉。这有助于维护节目的公信力和观众的信任。

思考题

1. 在主持生活服务类节目时，你认为了解哪些生活常识和实用信息是必要的？请列举几个例子，并解释其重要性。

2. 生活服务类节目强调与听众的情感交流和互动。你认为该如何建立和维护与听众的情感联系？请分享你的经验和技巧。

3. 在主持健康生活类节目时，你认为主持人应该具备哪些专业素养？请列举并解释其重要性。

模块四　体育类节目主持

单元一　体育赛事解说与现场报道技巧

一、体育赛事解说技巧与策略

在体育赛事解说中，除掌握技巧与策略外，顺畅的过渡句也是关键，它们能够帮助解说员更流畅地衔接不同主题，保持听众的关注度和兴趣（图4-1）。

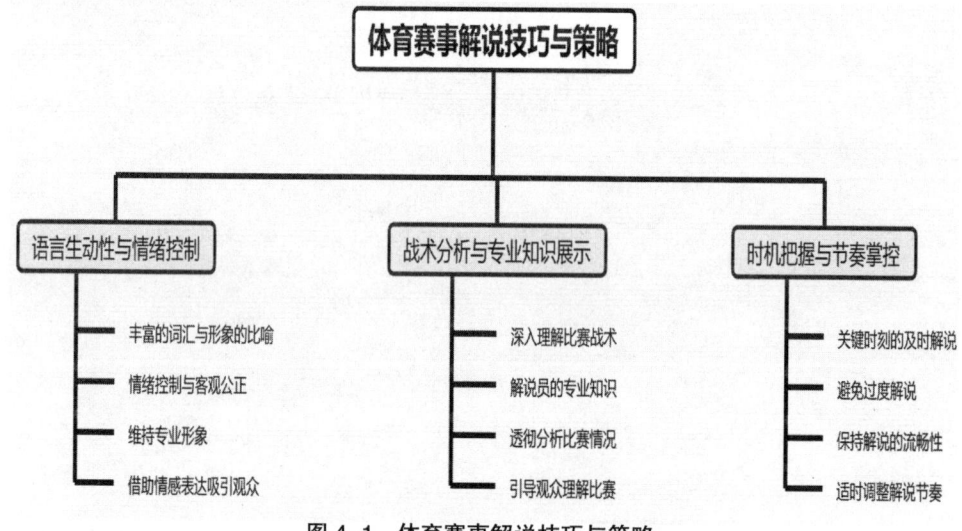

```
                    体育赛事解说技巧与策略
        ┌───────────────────┼───────────────────┐
  语言生动性与情绪控制    战术分析与专业知识展示      时机把握与节奏掌控
  ├ 丰富的词汇与形象的比喻   ├ 深入理解比赛战术         ├ 关键时刻的及时解说
  ├ 情绪控制与客观公正      ├ 解说员的专业知识         ├ 避免过度解说
  ├ 维持专业形象           ├ 透彻分析比赛情况         ├ 保持解说的流畅性
  └ 借助情感表达吸引观众    └ 引导观众理解比赛         └ 适时调整解说节奏
```

图 4-1　体育赛事解说技巧与策略

（一）语言生动性与情绪控制

1.丰富的词汇与形象的比喻

在体育赛事解说中，语言的生动性是吸引听众和观众注意力的关键之一。解说员应当具备丰富多样的词汇和形象的比喻，以便生动地描述比赛的过程和运动员的表现。比如，用"飞身扑救"来形容守门员的英勇表现，或者用"犹如利剑穿透防线"来形容一次精彩的进攻，这样的表达不仅能够激发听众和观众的兴趣，也能够使他们更加身临其境地感受到比赛的激情与紧张。

2. 情绪控制与客观公正

除语言的生动性外，解说员还需要具备良好的情绪控制能力。他们应当保持客观、公正的态度，避免过度主观或情绪化地解说。尤其是在一场激烈的比赛中，解说员可能会面临情绪的波动，但他们需要学会控制情绪，以确保观众得到客观准确的信息。这样做不仅可以提升解说员的专业形象，还能够让观众更加信任和尊重解说员。

3. 维持专业形象

在解说过程中，解说员应当注重维持自己的专业形象。他们不仅需要具备丰富的体育知识和强大的语言表达能力，还需要展现出专业的态度和素养。例如，他们可以避免过度使用个人情感色彩强烈的词语，而是更多地注重对比赛的客观分析和评述，从而赢得听众和观众的信任与尊重。

4. 借助情感表达吸引观众

尽管解说员对体育赛事需要保持客观公正的态度，但适当的情感表达仍然是必要的。在关键时刻或精彩瞬间，适度的情感表达可以增加解说的吸引力，使观众更加投入比赛。因此，解说员应当学会如何在不失客观性的前提下，通过情感表达来引导观众的情绪，从而增强他们的观赏体验感。

（二）战术分析与专业知识展示

1. 深入理解比赛战术

解说员需要对体育赛事中的战术布局有深入地理解。这包括对各种运动的战术体系、球队战术风格以及对手的战术策略等方面有着全面的认识。例如，在足球比赛中，解说员可以分析球队的战术体系，包括进攻防守转换、高位逼抢、控球战术等，以帮助观众更好地理解比赛局势。

2. 解说员的专业知识

解说员需要具备丰富的体育知识和专业素养，才能够在解说过程中展现出专业性。他们应当了解比赛的规则、技术细节以及运动员的特点和能力。只有在掌握了这些专业知识的基础上，解说员才能够进行准确地分析和解读，为观众提供有价值的信息和观点。

3. 透彻分析比赛情况

在解说过程中，解说员可以通过对比赛情况的透彻分析，向观众展示自己的专业知识。例如，解说员可以对比赛中的战术调整、运动员的表现以及比赛的发展趋势进行深入分析，从而为观众提供更加全面和深入地理解。

4. 引导观众理解比赛

解说员不仅要展示自己的专业知识，还要善于引导观众理解比赛。他们可以通过简单易懂的语言，解释比赛中出现的复杂情况和技术细节，帮助观众更好地理解比赛的进程和变化。

（三）时机把握与节奏掌控

1. 关键时刻的及时解说

解说员需要善于把握比赛的关键时刻，在比赛的精彩瞬间或关键转折点进行及时的解说。例如，在一次攻防转换或进球瞬间，解说员应立即做出反应，为观众提供准确而生动的解说，帮助他们更好地理解比赛的发展和变化。

2. 避免过度解说

良好的节奏掌控是体育赛事解说的重要技巧之一。解说员需要根据比赛情况调整自己的解说节奏，既要保证对关键时刻的及时解说，又要避免过度解说影响观众的观赏体验。在比赛中，解说员可以适当放慢语速，增加语调的变化，以突出关键性的信息和情感，但同时要注意不要过度解说，影响到观众对比赛的观感。

3. 保持解说的流畅性

良好的节奏掌控不仅包括时机把握，还包括解说的流畅性。解说员需要确保自己的解说内容连贯流畅，不断地引导观众进入比赛的氛围中。他们可以通过语速的变化、语调的起伏以及语言的生动性，使解说更加生动有趣，从而吸引观众的注意力，提升他们的观赏体验感。

4. 适时调整解说节奏

在比赛的不同阶段，解说员需要灵活地调整自己的解说节奏。在比赛紧张激烈的时候，解说员可以适当加快解说节奏，以配合比赛的节奏和氛围；而在比赛较为平淡的时候，则可以适当放慢解说节奏，增加一些深入的分析和解读，从而保持观众的兴趣。

二、现场报道准备与实践经验

现场报道既需要良好的准备与实践经验，也需要过渡语句来串联各个方面的内容（图 4-2）。

模块四　体育类节目主持

```
                    现场报道准备与实践经验
                            │
        ┌───────────────────┼───────────────────┐
   赛前准备与信息收集    现场观察与细节抓取    采访技巧与沟通能力
        │                   │                   │
   ─赛前调研与信息收集   ─全方位观察比赛      ─建立良好的沟通关系
   ─赛前安排与计划       ─捕捉关键时刻和细微变化 ─运用有效的采访技巧
   ─建立信息来源         ─关注比赛外的环境和背景 ─关注采访对象的反应和情绪
   ─熟悉赛事规则与背景   ─记录关键信息和细节    ─尊重隐私和意愿
```

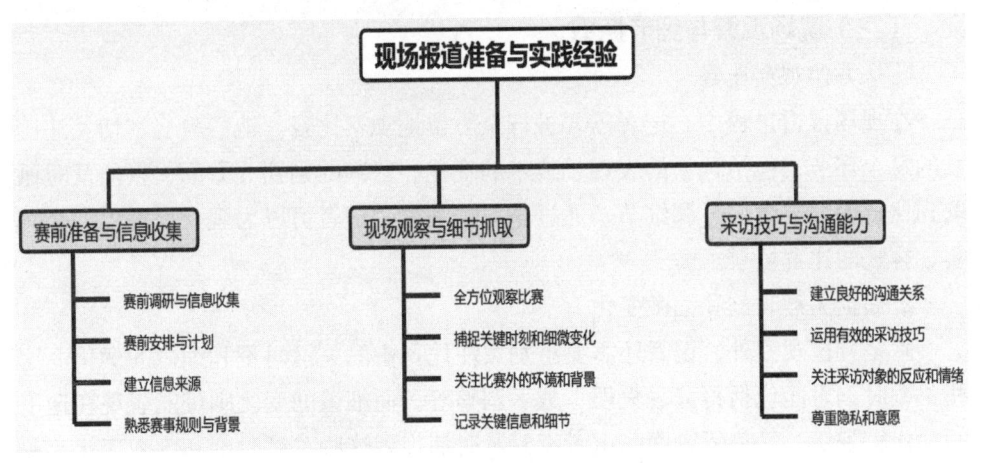

图 4-2　现场报道准备与实践经验

（一）赛前准备与信息收集

1. 赛前调研与信息收集

在进行现场报道之前，记者需要进行充分的赛前准备工作。这包括对参赛队伍、选手以及比赛场地等方面的信息进行收集和了解。记者可以通过查阅相关资料、采访相关人士、观看之前的比赛录像等方式，获取到相关的背景信息、参赛队伍的情况以及选手的表现等方面的资料。

2. 赛前安排与计划

在赛前准备阶段，记者需要制订好报道的计划和安排。他们可以根据比赛的时间和地点，安排好到达现场的时间和路线，确定好需要采访和观察的重点内容，以确保报道的全面性和准确性。同时，记者还需要准备好必要的采访设备和工具，如录音笔、摄像机、笔记本电脑等设备，以便在现场进行报道。

3. 建立信息来源

在赛前准备阶段，记者还需要建立好信息来源。他们可以与参赛队伍、赛事组织者、相关专家和观众等建立联系，获取到比赛的最新动态和相关信息。通过建立良好的信息来源，记者可以及时获取到比赛的重要资讯，并为报道提供可靠的信息支持。

4. 熟悉赛事规则与背景

记者在赛前准备阶段还需要熟悉比赛的规则和背景。他们应当了解比赛的竞技规则、历史背景、参赛选手的特点和实力等方面的信息，以便在现场报道中进行准确地分析和解读。只有充分了解比赛的规则和背景，记者才能够为观众提供更准确、更权威的报道。

（二）现场观察与细节抓取

1. 全方位观察比赛

在现场报道过程中，记者需要进行全方位地观察比赛。他们应当密切关注比赛的每个环节，包括选手的表现、战术的变化、裁判的判罚等方面，以便及时抓取到比赛中的关键信息和细节。通过全方位观察，记者可以为观众呈现出一个真实、客观的比赛场景。

2. 捕捉关键时刻和细微变化

除全方位观察外，记者还需要特别关注比赛中的关键时刻和细微的变化。这些关键时刻可能包括得分、失误、战术调整等，而细微的变化则可能表现在选手的动作、表情、气势等方面。记者需要及时捕捉到这些关键时刻和细微变化，并进行报道和分析，以为观众呈现出比赛的精彩瞬间和细节。

3. 关注比赛外的环境和背景

除观察比赛本身外，记者还需要关注比赛外的环境和背景。这包括观众的反应、气氛的变化、赛场的氛围等方面。通过关注比赛外的环境和背景，记者可以为观众呈现出一个更加丰富、生动的比赛画面，使他们能够更好地感受到比赛的氛围和现场的情况。

4. 记录关键信息和细节

在现场观察过程中，记者需要及时记录关键信息和细节。这包括比赛的重要数据、关键时刻的描述、选手的表现评价等方面的内容。通过记录关键信息和细节，记者可以为报道提供可靠的素材和依据，使报道更加准确、生动。

（三）采访技巧与沟通能力

1. 建立良好的沟通关系

记者在现场报道中需要与参赛选手、教练、裁判以及观众等多方进行沟通。为了有效进行采访，记者首先需要建立良好的沟通关系。他们可以通过友好的态度、尊重对方的意见和观点，以及真诚的沟通方式来建立和谐的工作关系，从而获取到更多有价值的信息。

2. 运用有效的采访技巧

在进行采访时，记者需要灵活运用各种采访技巧，以获取到更有深度和广度的信息。这包括提问技巧、倾听技巧、引导技巧等方面的技巧。记者可以通过提出开放性问题、追问关键问题、注意观察被采访者的表情和语言等方式，获取到更加丰富和有价值的采访内容。

3. 关注采访对象的反应和情绪

在采访过程中，记者需要关注采访对象的反应和情绪变化。他们可以通过观察被采访者的面部表情、身体语言、语调变化等方式,了解到对方的真实感受和态度,并据此调整自己的采访策略,以更好地引导和探索采访话题。

4. 尊重隐私和意愿

在进行采访时,记者需要尊重被采访者的隐私和意愿。记者不应该过分侵入对方的个人空间,也不应该追问被采访者不愿透露的信息。记者需要尊重被采访者的选择,以保持良好的沟通和工作关系。

三、体育专业术语与表达规范

在体育专业术语与表达规范以及语言规范与文化敏感性方面的综合考量下,才能够创作出既专业又得到广泛认可的体育报道作品。通过不断地实践和经验积累,将有助于提升自身的专业水准和报道质量(图4-3)。

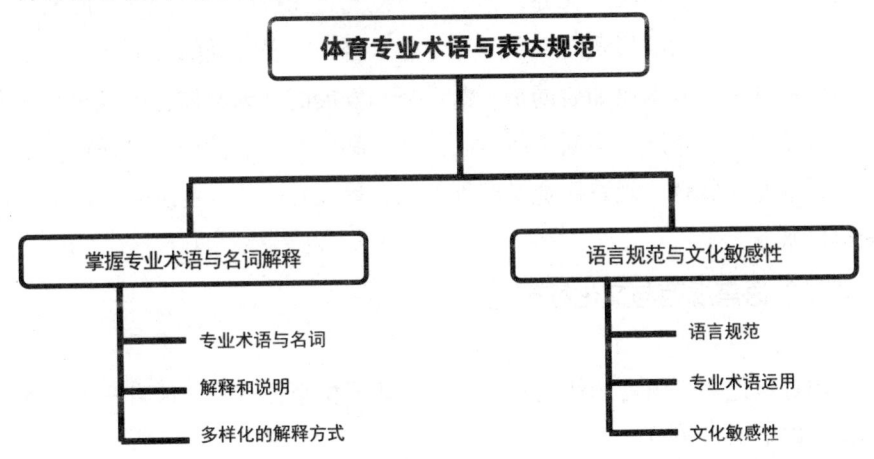

```
体育专业术语与表达规范
├── 掌握专业术语与名词解释
│   ├── 专业术语与名词
│   ├── 解释和说明
│   └── 多样化的解释方式
└── 语言规范与文化敏感性
    ├── 语言规范
    ├── 专业术语运用
    └── 文化敏感性
```

图 4-3 体育专业术语与表达规范

(一)掌握专业术语与名词解释

1. 专业术语与名词

体育解说员和记者在体育报道过程中需要熟练掌握各种体育领域的专业术语和名词。这些术语涵盖了运动项目、比赛规则、技术动作、装备器材等方面。下面以运动项目举例说明。

篮球:三分球、快攻、盖帽、助攻、内线、外线等。

足球:射门、传球、控球率、越位、点球、伤停补时等。

网球:发球、底线、网前战术、双打、单打、击球姿势等。

游泳:自由泳、蛙泳、蝶泳、混合泳、冲刺、转身等。

田径:短跑、中跑、长跑、跳远、跳高、铅球等。

2.解释和说明

对于观众可能不熟悉的专业术语,体育解说员和记者需要进行适当的进一步解释和说明。他们可以通过简洁清晰的语言,对术语进行解释,以便观众更好地理解比赛的内容和规则。例如:

"盖帽"是指在篮球和排球比赛中,防守球员在对方投篮或进攻时成功挡下对方的投篮或进攻动作。

"点球"是足球比赛中在禁区内犯规后判罚的罚球,在罚球点处进行,只有射门球员和守门员在场。

3.多样化的解释方式

考虑到观众的不同水平和了解程度,体育解说员和记者可以采用多样化的方式进行术语解释。除口头解释外,他们还可以通过图表、示意图、实际操作等方式,以更直观、生动的形式向观众解释专业术语,增强观众的理解和接受度。

体育领域的专业术语和名词是不断更新和发展的,因此体育解说员和记者需要保持持续学习的态度,不断更新自己的知识和词汇量。他们可以通过参加培训课程、阅读专业资料、观看比赛录像等方式,提高自己的专业水平,以更好地为观众提供服务。

(二)语言规范与文化敏感性

1.语言规范

在体育报道中,语言的使用对于维护专业形象至关重要。体育解说员和记者应当遵循以下语言规范。

(1)避免使用不当或粗俗的词语

为保证报道专业性和礼貌性,解说员和记者需避免使用粗俗或不当的词汇,确保信息传达的专业性。

(2)确保语言的准确性和清晰度

解说员和记者应当使用准确、清晰的语言表达,避免使用模棱两可或有歧义的表达方式,以确保信息传递的准确性。

(3)避免过于口语化或地域性强的语言

保持报道正式性和专业性至关重要,因此解说员和记者应避免过度使用口语化或具有强烈地域特色的语言风格,以确保报道质量。

2.专业术语运用

体育领域涉及大量专业术语,解说员和记者在报道中应准确运用这些术语,增强报道的专业性。

（1）熟练掌握专业术语

解说员和记者需要熟练掌握体育领域的专业术语，确保在报道中使用恰如其分，提升报道的准确性和专业性。

（2）适度运用专业术语

使用专业术语可以提升报道的专业性，但解说员和记者也要注意平衡，避免过度使用专业术语导致观众或读者难以理解。

3. 文化敏感性

（1）尊重多元文化

在体育报道中，体育解说员和记者在使用语言表达时必须认识到观众不同文化背景的存在，尊重并体现对不同文化群体观点和习惯的尊重。这包括避免使用可能引发争议或冒犯他人的词语和表达方式，特别是在处理涉及敏感话题时，要慎重考虑言辞选择。体育报道的宗旨在于传递尊重和包容的信息，在这一前提下，解说员和记者需要避免使用任何具有歧视性或挑衅性的言论，以确保报道的客观性和公正性。通过尊重多元文化和避免使用有潜在冒犯性的语言，体育报道可以更好地促进社会的和谐发展，弘扬包容精神。在一个多元文化的社会环境中，理解、尊重和欣赏每种文化的独特之处至关重要。体育解说员和记者作为信息传递的桥梁，应该充分意识到自身言论的影响力，并努力运用平等、尊重和体谅的语言来塑造专业形象。这种尊重多元文化的态度将有助于拓展报道的受众群体，加深对不同文化间联系的认知，促进文化交流与共融。因此，通过在语言表达中展现尊重和包容，体育解说员和记者可以为构建一个更加和谐、理解和互相尊重的社会氛围做出积极贡献。

（2）中立客观原则

在体育报道中，解说员和记者应该始终遵循中立客观的原则，避免偏颇和歧视。具体而言，他们不应以性别、信仰等个人身份特征为基础进行评价和描述，而应该根据客观事实进行报道。中立客观原则是体育报道的核心价值之一，在报道过程中，解说员和记者必须保持客观中立的立场，不受个人偏见和主观情感的影响。

体育报道的目的是传递准确、客观的信息，这要求解说员和记者摒弃个人立场和偏好，坚持客观中立的观点。他们应该注重报道事实，并尽可能不夹杂个人情绪或偏见。无论是报道比赛结果、运动员表现还是相关事件，都应基于客观的数据和证据进行描述。通过确凿的事实和客观的判断，体育报道才能够有效地传递真实的信息给观众和读者。

解说员和记者在报道过程中还应注意对待不同观点的平衡和公正。即使存在争议或相反的意见，他们应该尽量衡量各种观点的合理性，并提供多方面信息，以帮助读者和观众形成自己的判断。通过体现中立客观原则，解说员和记者能够建立良好的信誉，提高体育报道的可信度和公信力。

（3）倡导文化多样性和包容性

体育解说员和记者在体育报道中扮演着重要的角色，他们不仅是信息传递者，更是文化交流的桥梁。倡导文化多样性和包容性是在当今全球化背景下至关重要的使命。通过语言表达，解说员和记者有机会传递积极向上的信息，强调文化多样性和包容性的重要性。

在体育报道中，解说员和记者可以通过强调不同文化背景与价值观的丰富性来促进不同文化群体之间的理解和交流。通过报道不同国家、地区的体育赛事、运动员故事等内容，解说员和记者可以展示各种文化的特色和魅力，帮助观众更好地了解和尊重不同文化之间的差异。在这个过程中，解说员和记者应该用平等、包容、尊重的语言态度来呈现不同文化，避免使用歧视性或偏见的言辞，以营造一个和谐、包容的社会氛围。

通过倡导文化多样性和包容性，体育解说员和记者可以跨越文化障碍，促进跨文化理解和交流。他们的报道不仅可以拓宽观众的视野，增加知识面，还可以唤起人们对文化多样性的认识和尊重。此外，解说员和记者还可以积极报道那些能够体现跨文化合作和交流的体育活动，以此来弘扬包容、接纳不同文化的价值观。

在当今多元文化的社会背景下，倡导文化多样性和包容性已成为时代的需要。体育解说员和记者通过自身的言行举止，传递正能量，呼吁社会对于文化差异的尊重和包容。只有在这种共同努力下，我们才能建立一个真正多元、和谐的社会，让文化的多样性得以充分展现，促进不同文化更好地相互交流、交融、共存。这样的文化传播方式将为社会带来更多正面影响，并推动文化多元性和包容性的进一步发展和提升。

单元二　体育类节目主持话题策划与讨论引导

一、体育节目话题策划与挑选

在进行体育节目话题策划与挑选时，了解观众喜好和关注点是至关重要的一环。通过收集观众反馈、市场调研以及分析观众数据，可以更好地把握观众的兴趣，有针对性地选择适合的热门话题。选取热门话题包括重要比赛、明星运动员表现以及体育产业发展等方面，这些话题能够吸引更多观众的关注与参与（图4-4）。

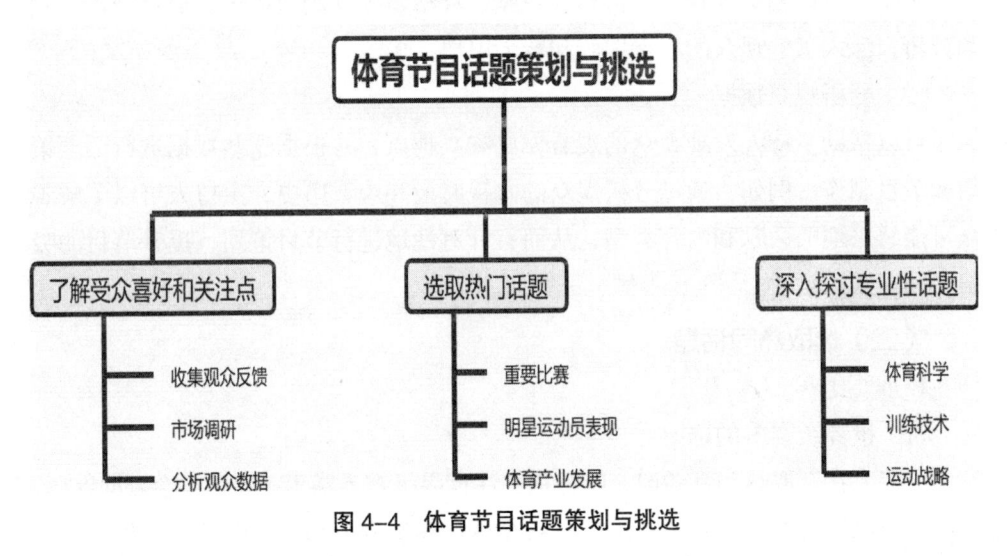

图4-4　体育节目话题策划与挑选

（一）了解受众喜好和关注点

1. 收集观众反馈

（1）在社交媒体平台开展问卷调查

通过设计针对性的问卷，主持人可以直接向观众询问他们对不同体育项目和运动员的喜好，以及他们对节目内容和形式的看法和建议。这种方式可以快速获取大量的观众反馈信息，帮助主持人了解观众的偏好和需求。

（2）与观众进行互动

主持人可以在节目中设置互动环节，鼓励观众通过社交媒体或其他渠道与节目互动，提出问题、发表意见或提供建议。通过与观众的直接互动，主持人可以深入了解观众的喜好和关注点，从而更好地调整节目内容，提升观众满意度。

2.市场调研

（1）进行市场调研

主持人可以通过阅读市场报告和行业研究，了解不同观众群体的兴趣和偏好。这些报告通常包括对体育节目收视率、受众结构和观众反馈的分析，可以为主持人提供宝贵的市场信息。

（2）观察对标节目的收视率和反馈

主持人可以关注对标节目的表现，分析其受众群体和节目特点，从中获取启示和借鉴，以更好地满足观众的需求和期待。

3.分析观众数据

（1）收集观众数据

主持人可以收集观众的收视行为数据、社交媒体互动数据等，通过数据挖掘和分析，深入了解观众的收视偏好和行为习惯。

（2）分析观众数据

可以帮助主持人发现观众的观看偏好和兴趣点，并根据这些数据进行话题策划和节目制作。例如，通过分析观众的收视时段和观看历史，主持人可以了解观众可能感兴趣的话题和内容类型，从而有针对性地进行节目策划，提升节目的吸引力和观众满意度。

（二）选取热门话题

1.重要比赛

（1）世界级赛事的选取

主持人在选取热门话题时，应特别关注世界级重要赛事，如奥运会、世界杯、世界田径锦标赛等。这些比赛通常具有全球性的影响力和关注度，能够吸引大量观众的关注和热议。主持人可以对这些比赛的赛程、参赛队伍、选手表现等方面进行深入解析，让观众更好地了解比赛情况。

（2）国内外顶级联赛的关注

此外，国内外顶级联赛的决赛和重要比赛也是热门话题的选择对象。例如，中国足球超级联赛、NBA总决赛等赛事，都具有较高的关注度和收视率。主持人可以就这些比赛的赛况、球队动态、球员表现等方面展开讨论，吸引观众的兴趣，提升节目的观赏性和互动性。

2.明星运动员表现

（1）当红明星的关注

主持人可以选择关注当前备受关注的明星运动员的表现作为热门话题。这些运动员可能是在最近一场比赛中表现出色的明星，或者是因为个人魅力和实力而备受关注的选手。主持人可以对这些运动员的比赛表现、训练状态、个人生活等方面进行深入探讨，让观众更加了解他们的故事和成就。

（2）新晋人物的关注

此外，主持人也可以关注新晋的运动员或在某个时期表现突出的选手。这些运动员可能是新晋人物，正在崭露头角，或者是因为某一段时间内的出色表现而备受瞩目。主持人可以对他们的成长经历、比赛技术、未来发展等方面进行深入分析，引发观众对新星的关注和讨论。

3.体育产业发展

（1）商业化运作的讨论

主持人可以选择关注体育产业的发展趋势和热点话题。体育产业的商业化运作、品牌推广和营销策略等方面都是备受关注的话题。主持人可以对体育产业的发展趋势、市场竞争、商业模式等进行深入解析，引发观众对体育产业发展的思考和讨论。

（2）经济和商业价值的探讨

此外，主持人还可以探讨体育产业背后的经济价值和商业价值。体育赛事、体育品牌和体育营销等方面都拥有巨额的经济利益，主持人可以就这些话题展开讨论，探讨体育产业对经济的影响、商业模式的创新等方面，引发观众对体育产业的关注和思考。

（三）深入探讨专业性话题

1.体育科学

（1）运动生理学研究

主持人可以邀请体育科学领域的专家学者，就运动生理学领域的最新研究成果进行深入解读和讨论。他们可以介绍运动对身体的生理影响，如运动时肌肉的变化、心血管系统的变化等，以及如何通过科学训练提高运动表现和身体素质。

（2）运动心理学应用

在节目中，可以探讨运动员在比赛中的心理状态和心理压力，以及如何通过心理训练提高竞技表现。专家学者可以分享运动心理学的理论知识，讨论焦虑、自信、集中注意力等心理因素对运动表现的影响，为观众提供实用的心理训练方法。

（3）营养与运动表现

主持人还可以邀请营养学专家，讨论营养在运动表现中的重要性。专家可以介绍运动员的营养需求和合理饮食计划，解读各种营养素对运动表现的影响，以及如何通过科学的饮食管理提高运动员的竞技水平。

2.训练技术

（1）技术训练方法

主持人可以邀请教练员或技术专家，分享运动员的技术训练方法和技巧。他们可以介绍不同项目的技术要领，如足球的盘带、篮球的投篮姿势等，以及如何通过系统化的训练提高运动员的技术水平。

（2）战术分析与应用

主持人还可以讨论运动比赛中的战术分析和应用。专家可以解读不同比赛中的战术布局和策略，分析战术因素，以及如何在比赛中灵活运用战术来取得胜利。

（3）个性化训练方案

主持人还可以探讨个性化训练方案的制订和实施。根据运动员的个体特点和需求，设计针对性地训练计划，以达到最佳的训练效果和运动表现。

3.运动战略

（1）比赛战术解析

主持人可以利用比赛视频和图表等形式，分析并解读运动比赛中的战术和策略。他们可以重点关注比赛中的关键时刻和战术调整，分析不同战术的优劣势和应用效果，为观众呈现多角度、深度解析的内容。

（2）队伍配合与战术应用

专家可以探讨队伍之间的配合和战术应用。他们可以从整体战术布局、队员角色分配、配合默契等方面进行分析，探讨战术与配合之间的关系，以及如何通过战术应用实现团队的最佳表现。

（3）战术演练和应用场景

主持人可以介绍战术演练和应用的实际场景。他们可以分享不同运动项目中的战术训练方法和实践经验，为观众呈现具体的战术训练过程和应用案例，以帮助观众更好地理解和应用战术知识。

二、体育话题讨论与引导技巧

在体育话题的讨论中，平衡各方观点、引导有序讨论以及提出尖锐问题是主持人需要注意的关键技巧。通过邀请多元背景的嘉宾参与讨论、维持公正中立的立场和管理话语空间，可以确保讨论的多样性和公平性。设定明确的讨论议程、引导对话和交流，并最终指导讨论重点和结论，有助于让讨论具有针对性和深度。同时，提出尖锐问题能够引发观众的兴趣，激起辩论与交流，但也需平衡对待不同观点，保持公正中立的原则。这些技巧将帮助主持人在体育话题的讨论中引导和促进高质量、有意义的交流和辩论（图4-5）。

```
                体育话题讨论与引导技巧
                         │
      ┌──────────────────┼──────────────────┐
   平衡各方观点          引导有序讨论        提出尖锐问题
      │                    │                  │
   ─邀请多元背景的       ─设定明确的讨论议程  ─引发观众兴趣
    嘉宾参与讨论         ─引导对话和交流      ─激发辩论和交流
   ─维持公正中立的立场   ─指导讨论重点和结论
   ─管理话语空间
```

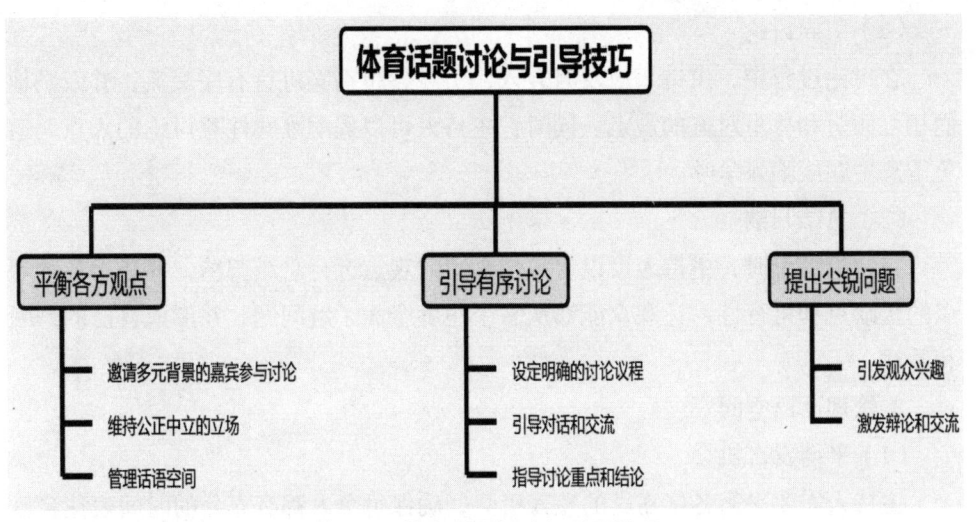

图 4-5　体育话题讨论与引导技巧

（一）平衡各方观点

1.邀请多元背景的嘉宾参与讨论

（1）运动员

主持人可以邀请曾参与过不同类型比赛的运动员，例如球类、田径、游泳运动员等，以分享他们的训练经历、比赛心得以及对体育发展的看法。这样的讨论能够从运动员的视角出发，为观众呈现真实的运动体验和挑战。

（2）教练

主持人可以邀请有丰富教练经验的专业人士，他们可以从训练方法、战术布局等方面分享自己的见解。教练在长期指导运动员的过程中积累了丰富的经验，能够为观众带来有价值的训练技巧和策略分析。

（3）体育专家和学者

主持人可以邀请体育领域的专家学者，就体育科学、体育政策、体育产业等方面进行深入探讨。他们的学术研究和专业知识能够为观众带来前沿的学术观点和理论分析，为体育话题增添新的思考角度。

2.维持公正中立的立场

（1）提问方式

主持人在提问时应尽量客观中立，不偏袒任何一方。主持人可以采用开放式问题或针对性问题，引导嘉宾就不同方面展开讨论，确保各种观点都能够被充分表达和理解。

（2）引导讨论

在讨论过程中，主持人应及时介入，引导各位嘉宾进行有序交流，并鼓励他们相互倾听和尊重对方的观点。同时，主持人可以提醒嘉宾注意讨论的焦点，避免偏离主题或陷入争吵。

（3）总结归纳

在讨论结束时，主持人可以对各位嘉宾的观点进行总结归纳，并指出各种观点的优缺点和可行性，让观众能够从多个角度全面了解问题，并形成自己的判断和看法。

3.管理话语空间

（1）平衡发言机会

主持人需要平衡各位嘉宾的发言机会，确保每个人都有充分的时间表达自己的观点和看法。可以设定时间限制，控制每位嘉宾的发言时间，避免某些嘉宾过于健谈，或者时间分配不均衡。

（2）引导积极参与

同时，主持人应该鼓励一些沉默的嘉宾积极参与讨论，提出自己的观点和问题。可以通过直接提问或者征求意见的方式，激发他们的参与热情，让讨论更加丰富和多元化。

（3）维护讨论秩序

在讨论过程中，主持人需要及时介入，维护讨论的秩序和公平性。如果出现某位嘉宾占据话语空间过多或者讨论中出现混乱，主持人应该及时提醒并加以引导，确保讨论的顺利进行。

（二）引导有序讨论

1.设定明确的讨论议程

（1）确定讨论主题

在开始讨论前，主持人需要明确确定讨论的主题或议程。这可以通过事先的准备和沟通来完成，确保所有参与者都明白讨论的重点和方向。

（2）提前通知参与者

主持人应该提前通知所有参与者讨论的议程和主题，以便他们能够提前做好准备，并在讨论中有针对性地发表意见和观点。

（3）制订讨论计划

在确定了讨论主题后，主持人可以制订详细的讨论计划，包括讨论的时间安排、重点问题和需要探讨的议题，以确保讨论过程有序进行。

2.引导对话和交流

（1）提出开放性问题

主持人可以通过提出开放性的问题来引导参与者展开对话和交流。这种问题通常不能简单回答，而是需要参与者深入思考和表达自己的看法。

（2）搭建思维跳板

在讨论过程中，主持人可以运用搭建思维跳板的技巧，即利用参与者提出的观点或问题，引导他们展开更深入的讨论。例如，主持人可以提出："你认为这个观点的背后是什么原因？"以激发参与者对问题的更深层次的思考。

（3）适时转换话题

主持人应该在适当的时候转换讨论的话题，避免讨论过于单一或陷入僵局。他们可以根据讨论的进展和参与者的反应，灵活调整讨论的方向，以确保讨论的多样性和丰富性。

3.指导讨论重点和结论

（1）引导讨论重点

在讨论过程中，主持人需要引导参与者集中讨论重点问题，确保讨论的深入和有效。他们可以通过提出关键问题或总结讨论内容，指导参与者集中注意力，避免讨论偏离主题。

（2）总结讨论成果

在讨论结束时，主持人应该总结讨论的成果，并与参与者一起回顾讨论的重点和结论。这有助于为未来的讨论提供参考和借鉴。

（三）提出尖锐问题

1.引发观众兴趣

（1）挑选具有争议性的话题

主持人应选择那些具有争议性和热点性的话题作为尖锐问题的提出对象。这些话题可能涉及体育界的政治、经济、道德等方面，能够引发观众的思考和辩论，从而增加节目的吸引力和话题性。

（2）关注热点事件和突发情况

时事热点话题往往是引发争议的重要来源。主持人可以关注当前的体育界事件和突发情况，提出相关的尖锐问题，引发观众的关注和讨论。例如，某位运动员的违规行为、某场比赛的裁判判罚争议等都是引发讨论的热点话题。

（3）探索具有挑战性的观点和观点

尖锐问题往往涉及具有挑战性的观点和观念。主持人可以挑战传统观念，提出一些具有前瞻性和创新性的见解，引发观众对现状和未来的思考和讨论。这样的问题能够吸引观众的兴趣，并激发他们的思考和探索欲望。

2.激发辩论和交流

（1）鼓励参与者表达观点

主持人应该鼓励参与者就尖锐问题进行观点表达和辩论。他们可以提供足够的时间和空间让参与者发表自己的看法，并允许他们展开辩论和交流。这样可以激发参与者之间的思想碰撞和观点对立，增加节目的生动性和争议性。

（2）引导合理辩论

尽管尖锐问题可能会引发激烈的辩论，但主持人需要引导参与者进行合理、理性的辩论。他们可以通过提问和引导的方式，促使参与者就问题的核心进行深入分析和探讨，避免无意义的口水战和情绪化的辩论。

（3）提供多元视角

主持人应该尽可能提供多元化的观点和意见，让参与者和观众能够听到不同的声音和观点。他们可以邀请来自不同领域、不同背景的嘉宾参与讨论，以确保讨论的多样性和丰富性。

三、体育新闻资讯整理与传递

在体育新闻资讯整理与传递过程中，除收集全面的新闻资讯、确保新闻的准确性和生动呈现新闻内容外，合理运用过渡句可以帮助信息流畅链接，使内容更加连贯清晰，提升阅读体验（图4-6）。

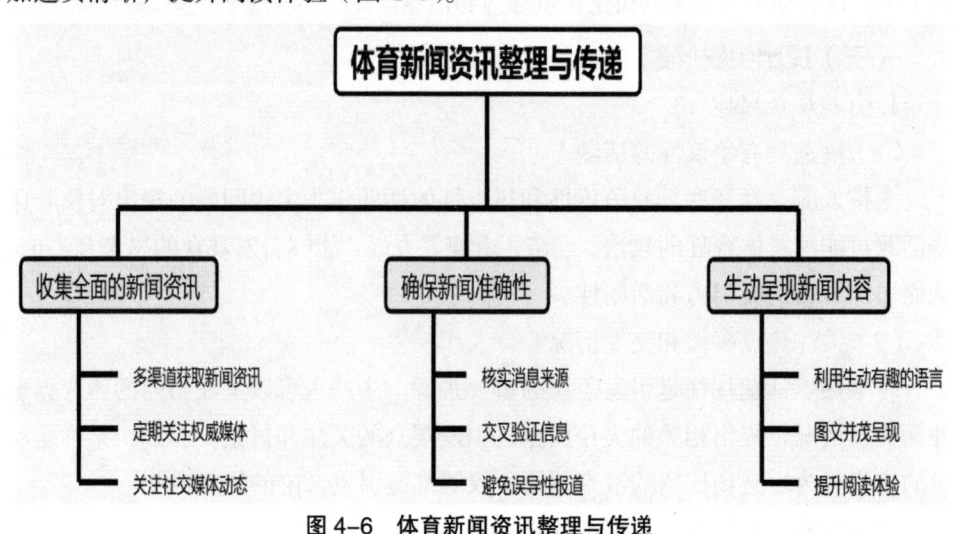

图4-6 体育新闻资讯整理与传递

（一）收集全面的新闻资讯

1. 多渠道获取新闻资讯

（1）体育网站

主持人应当定期浏览和收集来自各大体育网站的新闻资讯。这些网站通常由专业的体育记者和编辑团队管理，提供全面而及时的体育新闻报道。例如，《ESPN》《体坛加》等都是体育领域的知名网站，它们涵盖了全球范围内的各种体育赛事报道和专题分析。

（2）体育节目报道

观看和收听知名的体育节目也是获取新闻资讯的重要途径之一。这些节目通常由资深的体育记者和评论员主持，他们会对最新的体育赛事、运动员动态进行深入解析和讨论。例如，《NBA 今日》《体育新闻直播》等节目都是备受关注的体育节目，它们提供了丰富的体育新闻内容。

（3）报纸杂志

虽然传统媒体的影响力逐渐减弱，但一些知名的体育报纸和杂志仍然是获取新闻资讯的重要来源之一。主持人可以定期阅读《体育周刊》《体育画报》等权威体育刊物，了解最新的体育赛事报道和专题文章。

（4）社交媒体

社交媒体已经成为体育新闻传播的重要平台之一。主持人可以通过关注运动员、体育机构以及体育记者等相关账号，获取最新的热点新闻和幕后故事。例如，通过关注 NBA 球星的 Instagram 账号，可以第一时间了解他们的训练情况、生活动态等内容。

2. 定期关注权威媒体

（1）体育专业网站

主持人需要经常浏览权威的体育专业网站，这些网站通常由专业的体育记者和编辑团队维护，报道准确、及时。例如，《ESPN》的体育版块、《体育画报》的官方网站等都是不可或缺的权威体育新闻来源。

（2）知名体育节目

定期观看知名的体育节目也是获取权威新闻资讯的重要途径。这些节目通常邀请资深的体育记者和专家进行分析评论，其报道具有较高的可信度和专业性。例如，《NBA 今日》《足球之夜》等节目都是备受信赖的权威体育节目。

（3）权威体育记者发布的新闻

关注一些知名的体育记者也是获取权威新闻的好方法。这些记者通常有丰富

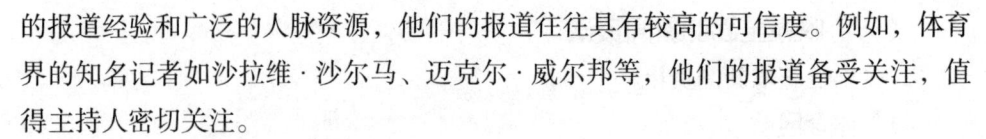

的报道经验和广泛的人脉资源,他们的报道往往具有较高的可信度。例如,体育界的知名记者如沙拉维·沙尔马、迈克尔·威尔邦等,他们的报道备受关注,值得主持人密切关注。

3.关注社交媒体动态

(1)关注体育相关账号

社交媒体是获取最新热点新闻的重要渠道之一。主持人可以关注一些体育相关的官方账号,如 NBA、FIFA 等体育组织的官方账号,以获取最新的赛事安排、比分等信息。

(2)关注运动员个人账号

许多运动员都会在社交媒体上分享自己的训练、比赛和生活状态,关注他们的个人账号可以第一时间了解到他们的动态。例如,NBA 球星勒布朗·詹姆斯经常在社交媒体上发布自己的训练视频和比赛回顾,这些内容对于体育主持人来说是宝贵的素材。

(3)关注体育记者和专家账号

一些知名的体育记者和专家也会在社交媒体上分享自己的观点和报道,关注他们的账号可以获取到一些独家的新闻资讯和专业分析。例如,体育记者克里斯·海恩斯经常在 Twitter 上发布最新的体育新闻和分析评论,对主持人来说是一个重要的信息来源。

(二)确保新闻准确性

1.核实消息来源

(1)确保可靠性

主持人在传递体育新闻时,首要任务是核实消息来源的可靠性。可靠的消息来源包括官方体育机构、知名体育媒体以及经过验证的体育记者和专家。例如,来自 NBA 官方网站、ESPN 体育频道或沙拉维·沙尔马等知名体育记者的报道通常具有较高的可信度。

(2)避免传播谣言

主持人应该避免传播未经证实的谣言或虚假信息。在互联网时代,谣言很容易在社交媒体上传播,如果主持人没有核实消息的可靠性就盲目传播,会损害节目的信誉度和可信度。因此,主持人需要谨慎对待来源不明的消息,避免在节目中传播不实信息。

2.交叉验证信息

(1)多方渠道验证

为了提高新闻报道的准确性,主持人可以通过多方渠道交叉验证信息的真实性。这意味着主持人不仅仅依赖于单一的消息来源，而是从多个渠道获取信息，比较不同媒体的报道内容，从而确认消息的一致性。例如，当报道一场重要的体育赛事时，主持人可以同时参考官方赛事报道、体育专业网站的分析，以及知名体育记者的评论，以确保报道的准确性和可靠性。

（2）核实关键细节

在交叉验证信息的过程中，主持人需要特别注意核实关键细节。例如，比赛的时间、地点、参赛队伍、比分等重要信息都需要经过确认，以避免因细节错误导致的播报失误。此外，主持人还需要留意不同渠道之间的信息差异，如果发现不同报道之间存在矛盾或差异，需要进一步核实信息来源，以确保信息报道的准确性。

3. 避免误导性报道

（1）保持客观中立

主持人应该坚持客观中立的原则，在报道中避免夸大事实或加入个人观点。体育新闻的目的是为观众提供客观真实的信息，而不是传播主持人个人的偏见或立场。因此，在报道中，主持人应该尽量客观公正地呈现事实，让观众自行判断和理解。

（2）提供全面信息

为了避免误导观众对事件的理解，主持人需要提供全面、准确的信息。这包括对事件的背景、相关人物、影响等方面进行充分地介绍和解释，让观众能够从多个角度了解事件的全貌。同时，主持人应该注意避免片面性报道，尽量综合各方信息，呈现一个全面、客观的新闻内容。

（三）生动呈现新闻内容

1. 利用生动有趣的语言

（1）用生动的比喻和形象化语言

主持人在传递体育新闻时，可以运用生动的比喻和形象化语言来描述比赛场景或运动员表现，增加报道的趣味性和吸引力。例如，"他的射门就像一艘火箭般直奔球门而去，让对手毫无招架之力。"这样生动的描述能够让读者或观众更加身临其境，感受到比赛的激情和紧张氛围。

（2）添加幽默元素

适度的幽默元素能够为体育新闻增添一份活泼和趣味。主持人可以在报道中加入一些幽默的评论或插科打诨，使新闻内容更加轻松愉快。例如，在描述一场激烈的篮球比赛时，可以说："场上的球员就像是打翻了蚂蚁酱一般，到处都是拼抢和挤压。"

2. 图文并茂呈现

（1）添加精彩图片和视频

除文字报道外，主持人可以结合精彩的图片和视频来呈现体育新闻内容。通过直观的图像和动态的视频，可以生动展现比赛的场景和运动员的精彩表现，增强报道的视觉冲击力和吸引力。例如，在报道一场足球比赛时，可以配以运动员精彩进球的视频片段，让观众能够真实感受到比赛的激情。

（2）制作图表和统计数据

为了更直观地呈现比赛数据和统计信息，主持人可以制作图表和统计数据图表。这些图表可以清晰地展示比赛的数据对比、队伍的排名等信息，帮助观众更好地理解报道内容。例如，可以制作一张柱状图（图4-7）来展示各支球队在联赛中的得分情况，或者制作一张饼状图来展示比赛中各项数据的占比情况。

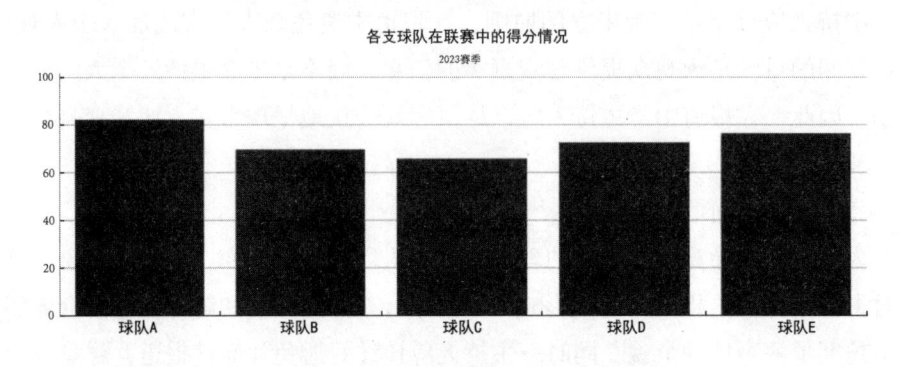

图4-7 联赛各支球队得分情况

3. 提升阅读体验

（1）设计吸引人的版面

为了提升新闻内容的阅读体验，主持人可以设计吸引人的版面。合理安排文字和图片的排版，增加标题和亮点，使报道更具吸引力。例如，可以采用大标题和醒目的配图来吸引读者的注意力，再通过引人入胜的开篇，让读者产生阅读的兴趣。

（2）添加引人注目的亮点

在报道中，主持人可以加入一些引人注目的亮点和关键信息，帮助读者快速抓住重点内容。例如，在一场体育赛事报道中，可以在开篇部分提及关键的比赛瞬间或重要数据，引起读者的兴趣，吸引他们继续阅读全文。

单元三　运动员采访与体育资讯传递技巧

一、采访技巧与提问策略

在进行采访时，采访前的准备工作和提问策略是确保采访顺利进行的关键步骤。通过充分研究背景资料和设定明确的目标来准备采访，以及灵活运用开放性问题、封闭性问题、跟进式问题和情境化问题等多样化的提问策略，可以使采访更加深入、有针对性（图4-8）。

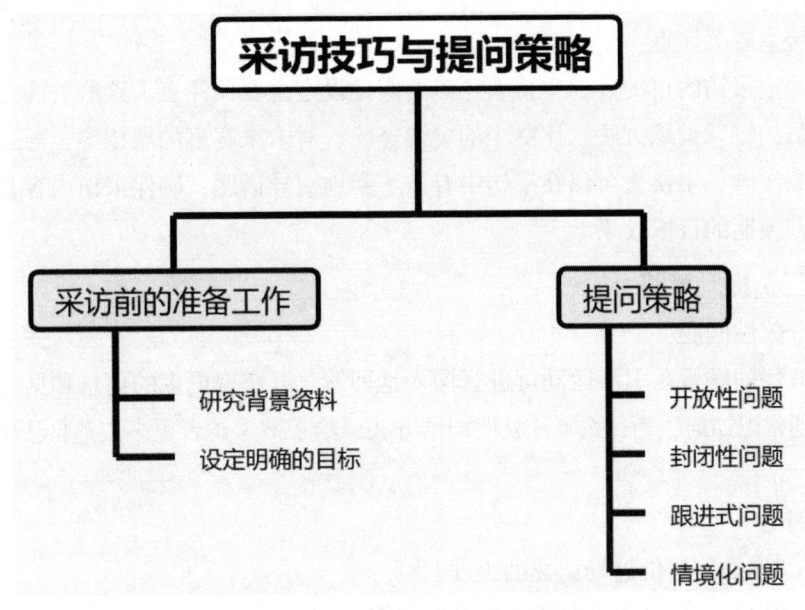

图4-8　采访技巧与提问策略

（一）采访前的准备工作

1.研究背景资料

（1）个人履历

在采访前，主持人应当对被采访运动员的个人履历进行深入研究。这包括他们的职业生涯、个人成就、荣誉和奖项等方面的资料。通过了解运动员的过往经历，主持人可以更好地把握采访的方向，提出更具针对性的问题。例如，了解运动员曾获得过哪些重要奖项、在哪场比赛中取得过突出成绩等。

（2）相关赛事和成绩

主持人还需要了解被采访运动员参与过的相关赛事和他们的比赛成绩。这可以帮助主持人更深入地了解运动员的竞技水平和专业领域，从而在采访中提出更具深度和专业性的问题。例如，了解运动员在最近一次比赛中的表现，询问运动员是否有什么特别的经历或感悟等。

2. 设定明确的目标

（1）确定采访的目的

在采访前，主持人需要明确确定采访的目的。是为了了解运动员的训练和备战情况？还是为了探讨他们的职业生涯和个人成就？或者是为了了解他们对某一特定话题的看法和观点？确定清晰的采访目标有助于主持人在采访中更加专注和有针对性地提问。

（2）主要关注点

除确定采访的目的外，主持人还需要明确设定主要关注点。这些关注点可以是运动员的特殊训练方法、比赛中的关键经验、对未来赛事的展望等。通过设定明确的关注点，主持人可以在采访中有条不紊地引导话题，确保采访内容紧扣主题，达到预期的目标效果。

（二）提问策略

1. 开放性问题

开放性问题旨在引导运动员进行深入地回答，以获得更多的信息和见解。这种问题通常以如何、为什么等开放性词语开头，给予被采访者更多表达自己观点的空间。

示例：

（1）"你如何评价这场比赛的表现？"

（2）"你觉得自己在哪些方面需要继续努力？"

（3）"你对接下来的比赛有什么期待或计划？"

2. 封闭性问题

封闭性问题适合对某个具体事件或情况进行确认或否定地回答。这种问题通常首先需要被采访者简短地回答是或否，接着提供更具体的信息。

示例：

（1）"你是如何调整心态应对比赛压力的？"

（2）"你认为你们的团队是最有竞争力的吗？"

（3）"你对当前教练团队的训练计划满意吗？"

3. 跟进式问题

跟进式问题通过深入挖掘运动员的观点和想法，使采访更具深度和广度。这种问题通常以对先前回答的问题进一步追问的方式进行。

示例：

（1）"你刚刚提到自己最大的挑战是什么，可以再详细解释一下吗？"

（2）"除你个人的努力外，你认为还有什么因素会影响你的表现？"

（3）"你觉得团队在面对困难时的应对方式有哪些可以改进的地方？"

4. 情境化问题

情境化问题通过提供具体情境或假设情况，引导运动员从不同角度思考和回答问题，帮助他们展现对未来的预期和个人态度。

示例：

（1）"如果你成为国家队的队长，你会如何领导团队？"

（2）"假设你得到了冠军，你会有什么感想？"

（3）"如果你在比赛中面对困难情况，你通常会采取什么措施来应对？"

二、运动员心理分析与沟通技巧

在进行运动员心理分析与沟通技巧时，主持人需要特别关注运动员的情绪状态和有效地沟通方式。通过倾听、观察和建立信任关系，可以更好地理解并与运动员有效沟通（图4-9）。

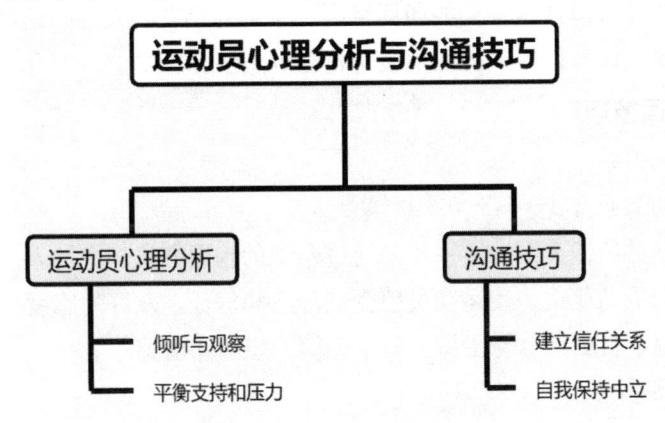

图4-9 运动员心理分析与沟通技巧

（一）运动员心理分析

1. 倾听与观察

在采访中，倾听和观察运动员的言语和非言语表达是了解他们内心世界和心理状态的重要手段。通过分析他们的情绪、态度和行为，可以更深入地了解他们的心理状态和所面临的挑战。

（1）言语表达

主持人需要仔细聆听运动员的言语表达，包括他们的措辞、语速和语气，以及对特定话题的反应。言语中的情绪色彩和语气变化可以反映出运动员内心的情感状态。

（2）非言语表达

除了言语，主持人还需要观察运动员的非言语表达，如面部表情和肢体语言。这些非言语信号通常比言语表达更直接地反映出运动员的情绪和心理状态。

2.平衡支持和压力

运动员在采访中可能会受到来自外界的各种压力，如比赛结果、媒体关注和观众期待等。主持人在采访中需要平衡提供支持和施加压力之间的关系，以帮助运动员保持良好的心理状态。

（1）积极支持

主持人可以通过鼓励、肯定和理解的话语来积极支持运动员，让他们感受到自己的价值和重要性。这种支持可以增强运动员的自信心，帮助他们应对外界的压力和挑战。

（2）舒缓紧张情绪

当运动员面临紧张情绪时，主持人需要采取适当措施来帮助他们舒缓情绪，保持冷静和放松。可以通过轻松的谈话氛围、亲切的笑容和鼓励的话语来缓解运动员的紧张情绪，使他们更加自然地表达自己的想法和感受。

（二）沟通技巧

1.建立信任关系

（1）友善的沟通方式

建立与运动员信任关系的第一步是通过友善的沟通方式。主持人需要展现出亲和力和对运动员的尊重，使运动员感受到舒适和信任。友好的态度可以打开沟通的大门，让运动员更愿意与主持人分享他们的想法和情感。

（2）耐心倾听

在建立信任关系的过程中，耐心地倾听是至关重要的。主持人应该耐心倾听运动员的言语表达并注意观察非言语表达，了解他们的需要和感受。通过倾听，主持人可以更好地了解运动员的内心世界，建立起互相尊重和信任的基础。

（3）鼓励坦诚表达

建立信任关系还需要鼓励运动员坦诚表达自己的心声。主持人应该创造一个开放宽容的沟通环境，让运动员感到自己可以安全地分享想法和情感，而不必担心被批评或评判。通过真诚地沟通，建立起稳固的信任关系。

2. 自我保持中立

（1）保持客观中立

在与运动员沟通时，主持人需要保持客观中立的姿态。这意味着避免过多地表达个人观点或情感，要尊重并接受运动员的观点和立场。通过保持客观中立的原则，主持人可以建立起专业性的沟通环境，不偏不倚地传递信息并进行交流。

（2）尊重个人观点

尊重运动员的个人观点和立场是维持中立的关键。主持人应该尊重每个运动员独特的想法和意见，不存在偏见或歧视。通过尊重每个人的观点，主持人可以在沟通中保持中立，并帮助建立良好的沟通氛围。

（3）避免个人评论

为了保持中立，主持人应该避免过多发表个人评论。虽然可以提供信息或背景知识，但主持人不应该过多地表达个人看法，以免影响运动员的观点或态度。通过避免个人评论，主持人可以更好地实现中立沟通的目标。

三、体育新闻报道与资讯传递

在进行体育新闻报道与资讯传递时，确保客观准确性和及时性是至关重要的。同时，运用简洁清晰的语言和多媒体形式也是提高报道质量和吸引观众的有效技巧（图4-10）。

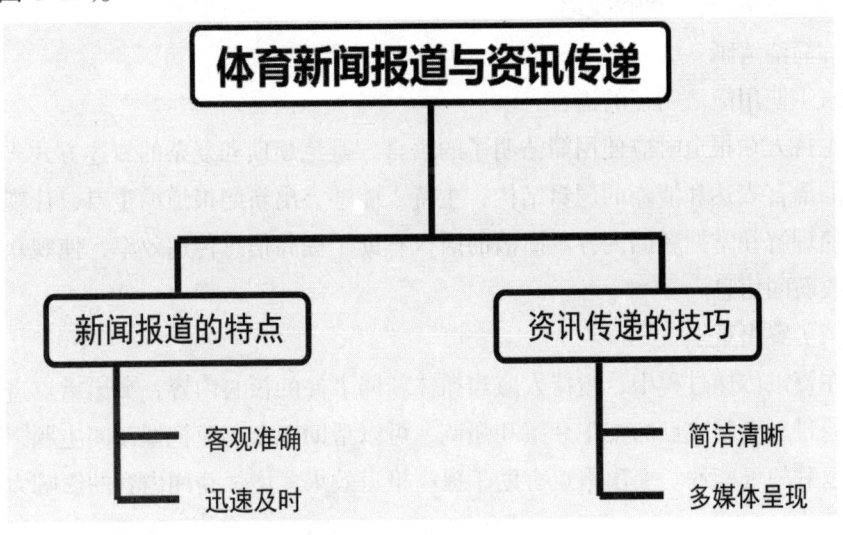

图 4-10 体育新闻报道与资讯传递

（一）新闻报道的特点

1. 客观准确

（1）事实为基础

体育新闻报道的首要特点是以事实为基础。报道内容应建立在真实的事件和数据之上，确保所有信息都来源于可靠权威渠道。通过依托事实为依据，新闻报道具备客观性和真实性。

（2）避免夸大歪曲

为了维护新闻报道的客观性，应避免夸大和歪曲事实。新闻媒体及记者在报道时应以中立立场进行报道，不对事实进行改编或夸大处理，以确保观众获得准确、真实的信息。

2. 迅速及时

（1）及时报道

体育新闻具有很强的时效性，要求在最短时间内报道最新的比赛结果和重要事件。主持人和记者需要保持敏锐的新闻直觉，及时搜集、整理和发布最新的体育资讯，以满足观众对即时信息的需求。

（2）信息敏捷

除及时报道外，体育新闻也需要在信息传递方面保持敏捷。主持人和记者应该快速反应，迅速处理新发生的事件，以确保观众在第一时间获取到相关信息。信息敏捷性有助于提升新闻报道的新鲜度和吸引力。

（二）资讯传递的技巧

1. 简洁清晰

（1）使用简洁明了的语言

主持人在报道时应使用简洁明了的语言，避免烦琐和复杂的叙述方式。通过精炼的语言表达和清晰的逻辑结构，主持人能够突出新闻报道的重点，让观众能够快速理解和掌握新闻内容。简洁的语言有助于提高信息传递效率，使观众更容易吸收新闻信息。

（2）突出重点

在资讯传递过程中，主持人应当抓住新闻事件的核心内容，突出重点进行报道。通过对新闻要点的集中介绍和强调，可以帮助观众迅速把握新闻主题，减少信息过载的可能性。突出重点有助于提高报道效果，增强新闻内容的影响力和记忆度。

2. 多媒体呈现

（1）运用图片、图表、视频等多媒体形式

为了让新闻报道更具有吸引力和视觉冲击力，主持人可以运用图片、图表、视频等多媒体形式进行呈现。通过多媒体的丰富展示，观众可以更直观地了解新闻事件，增强信息的传达效果和观赏性。多媒体形式的运用不仅可以提升观众的阅读体验感，还能够吸引更多观注度，提升节目的吸引力。

（2）提升观众的阅读和观看体验

多媒体形式的运用除提供直观、生动的信息呈现外，还可以提升观众的阅读和观看体验。图片、图表、视频等多媒体元素的加入，使报道更生动、更具吸引力，激发观众的兴趣和好奇心，增加他们对新闻内容的关注度和理解度。

思考题

1. 在进行体育赛事解说和现场报道时，你认为最重要的技巧是什么？请解释其重要性。

2. 在主持体育类节目时，你认为如何策划和选择合适的话题？请分享你的策划思路和方法。

3. 在进行运动员采访和播报体育资讯时，你认为最重要的技巧是什么？为什么？

模块五　财经类节目主持

单元一　经济新闻播报与解读技巧

一、经济新闻播报要点与流程

经济新闻播报是一个关键的行业环节，准确而及时地传递信息对于观众和投资者来说至关重要。在播报过程中，主持人需要关注经济数据、市场动态、行业走势和政策变化等重要要点，以确保播报的全面性和信息的及时性。同时，播报的流程也需要严密执行，包括新闻准备、脚本编写、播报录制、校对修改和最终播出等环节。这些流程紧密配合，确保了新闻播报的质量和专业性。通过对经济新闻播报要点与流程的分层扩写，以及提供专业性和学术价值的内容，可以帮助主持人在经济新闻播报中更加熟练和自信地运用这些技巧（图5-1）。

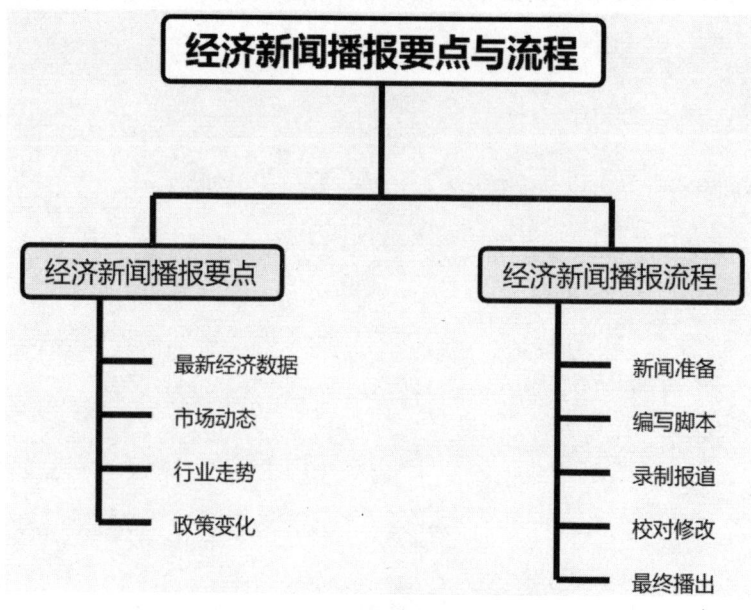

图5-1　经济新闻播报要点与流程

（一）经济新闻播报要点

1. 最新经济数据

主持人在播报经济新闻时应关注相关最新的经济数据。这包括国内外的 GDP 增长率、就业市场数据、消费者物价指数等重要经济指标。通过报道最新的经济数据，观众可以了解到经济的整体状况和趋势。

2. 市场动态

经济新闻还需要涵盖市场动态。这包括股票市场、汇率市场、商品市场等的最新变化和趋势。报道市场动态有助于观众了解投资环境和市场走势，从而做出更明智的决策。

3. 行业走势

行业走势是经济新闻播报中一个重要的方面。主持人应关注各个行业的发展情况，包括制造业、金融业、科技业等。报道行业走势可以帮助观众了解不同行业的发展状态和前景。

4. 政策变化

政策变化对经济的影响非常重要，因此主持人需要关注最新的政策调整和政策变化。这包括货币政策、财政政策、税收政策等。报道政策变化有助于观众了解政府对经济的调控和预期。

（二）经济新闻播报流程

1. 新闻准备

在播报经济新闻之前，主持人需要进行充分的新闻准备。这包括收集相关资料和数据，了解最新事件和动态，确保获得准确和全面的信息。

2. 编写脚本

在新闻准备的基础上，主持人需要编写播报脚本。脚本应包括要点清晰、语言简练、逻辑清晰的内容。脚本应统一格式并标注重点，以便主持人在播报时能够顺利准确地传递信息。

3. 录制报道

主持人根据脚本的要求，进行新闻播报的录制。在录制过程中，主持人需要注意语速、音调和语气，以及表情和姿势的表达。确保播报的流畅性和专业性。

4. 校对修改

录制完毕后，需要进行校对和修改。核对脚本和录音的准确性，并修正其中存在的错误。确保最终播出的版本准确无误。

5. 最终播出

完成校对修改后，可以最终播出经济新闻报道。确保播出过程中的音视频质量和播放效果最佳。同时注意播报的时间安排和节奏控制，使观众能够理解和接受新闻内容。

二、经济数据解读与分析技巧

经济数据作为了解和分析经济形势的重要依据，对于投资者、政策制定者以及普通民众都具有重要的参考意义。深入挖掘和分析经济数据，可以帮助人们更好地理解经济运行的规律和趋势，从而做出更明智的决策（图5-2）。

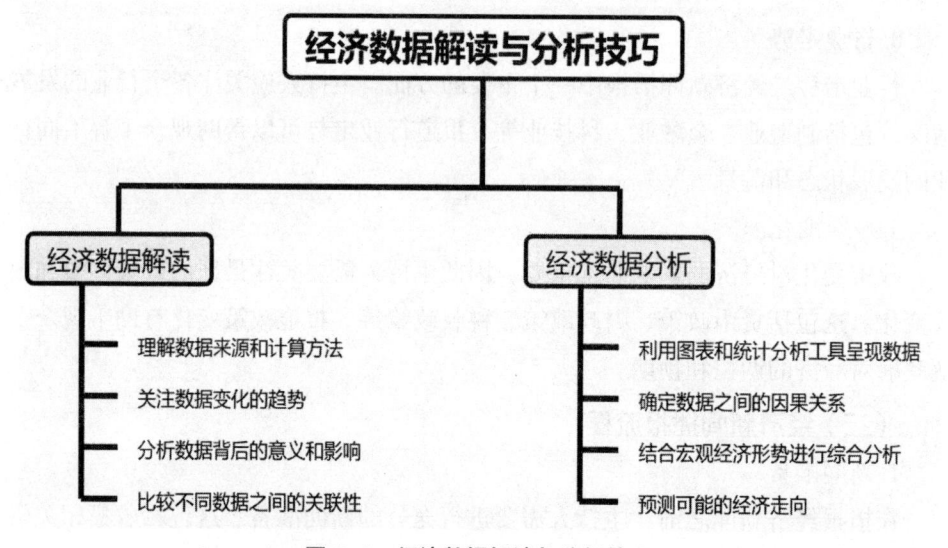

```
                    经济数据解读与分析技巧
                            │
            ┌───────────────┴───────────────┐
       经济数据解读                      经济数据分析
            │                                │
     ─ 理解数据来源和计算方法         ─ 利用图表和统计分析工具呈现数据
     ─ 关注数据变化的趋势             ─ 确定数据之间的因果关系
     ─ 分析数据背后的意义和影响       ─ 结合宏观经济形势进行综合分析
     ─ 比较不同数据之间的关联性       ─ 预测可能的经济走向
```

图 5-2　经济数据解读与分析技巧

（一）经济数据解读

1. 理解数据来源和计算方法

在进行经济数据解读时，首先要了解数据的来源和计算方法。不同数据的来源和计算标准可能存在差异，因此需要对数据背后的收集过程和计算逻辑有充分的了解，以确保准确理解数据的含义。

2. 关注数据变化的趋势

除了关注单一数据点的数值，还应该关注数据的变化趋势。通过比较不同时期的数据，可以分析出数据的变化规律和走势，进而预测未来可能的发展方向。

3. 分析数据背后的意义和影响

经济数据背后蕴含着丰富的经济现象和影响。通过深入分析数据背后的意义，可以揭示经济运行的内在逻辑和动态变化，帮助人们更好地了解经济状况。

4.比较不同数据之间的关联性

不同经济数据之间常存在着内在的关联性。通过比较和分析各种经济数据之间的关系，可以更全面地把握经济形势，发现潜在的经济问题和机遇。

（二）经济数据分析

1.利用图表和统计分析工具呈现数据

在进行经济数据分析时，应当借助图表和统计分析工具清晰地呈现数据。直观的图表能够更有效地传递数据信息，帮助观众更直观地了解数据的含义。

2.确定数据之间的因果关系

经济数据之间常存在因果关系，分析数据背后的因果链条可以帮助理解经济发展的原因和结果。通过分析数据之间的因果关系，可以更好地预测未来经济走向。

3.结合宏观经济形势进行综合分析

经济数据需要放在宏观经济形势中进行综合分析。结合国内外经济政策、国际环境等因素，可以更全面地把握经济形势，为经济发展提供更准确的分析和建议。

4.预测可能的经济走向

通过经济数据分析，可以更准确地预测未来可能的经济走向。基于历史数据和当前形势，可以对经济发展的可能方向和风险进行科学地预测和评估。

三、经济术语与表达规范

在经济领域的沟通中，准确使用经济术语和规范清晰地表达是非常重要的。透过清晰地表达、准确的术语运用，能有效地传达信息并避免产生误解（图5-3）。

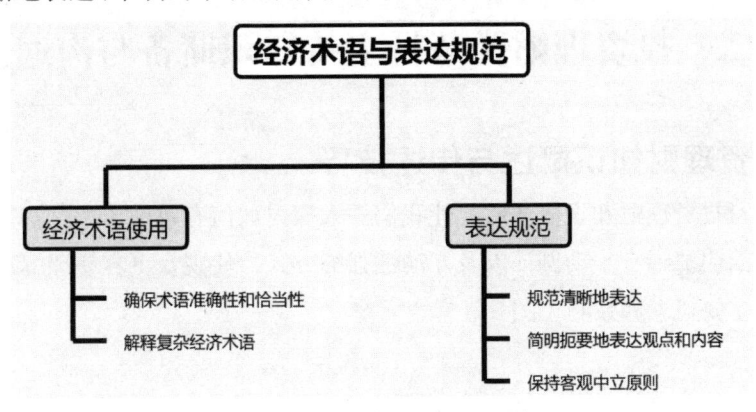

图5-3 经济术语与表达规范

（一）经济术语使用

1. 确保术语准确性和恰当性

在经济新闻报道中，使用经济术语时必须确保其准确性和恰当性。术语的选择应符合实际情况，并且要避免术语混淆或误用，以免给观众造成困惑。

2. 解释复杂经济术语

为了确保广大观众能够理解，尤其是那些不熟悉经济术语的观众，应为其解释复杂的经济术语。简明扼要地解释术语背后的含义和意义，有助于提升报道的普及性。

（二）表达规范

1. 规范清晰地表达

在经济新闻报道中，表达要规范清晰，避免使用模糊不清或有歧义的语言。确保表达内容的准确性和一致性，帮助观众准确理解所传达的信息。

2. 简明扼要地表达观点和内容

为了提高报道的效率和可读性，应尽量简洁明了地表达观点和内容。避免冗长啰唆，简洁明了地呈现关键信息，有助于保持观众的注意力并加强信息传递效果。

3. 保持客观中立原则

在经济新闻报道中，应当保持客观中立的原则，避免主观色彩过重。报道内容要客观公正，避免个人偏见和情绪化的表达，以确保报道的专业性和公信力。

单元二　投资理财类节目主持知识储备与沟通技巧

一、投资理财知识概述与传达技巧

在进行投资理财知识概述后，让我们深入探讨如何有效地传达这些知识给观众，通过简明清晰、生动例证以及互动性强的方式，使观众更容易理解和接受投资理财的重要概念和技巧（图5-4）。

```
投资理财知识概述与传达技巧
├── 投资理财知识概述
│   ├── 投资的基本概念
│   ├── 投资产品分类
│   ├── 投资风险管理
│   └── 投资策略
└── 传达技巧
    ├── 简明清晰
    ├── 生动例证
    └── 互动性强
```

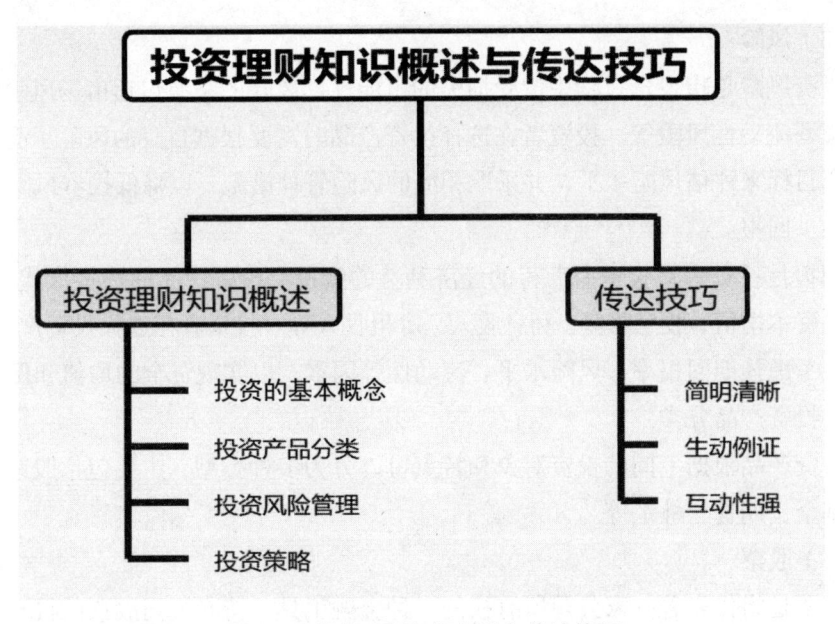

图 5-4　投资理财知识概述与传达技巧

（一）投资理财知识概述

投资理财知识是投资者必备的基础，主持人应具备一定的投资理财知识，包括但不限于以下内容。

1. 投资的基本概念

投资是指将资金投入各种资产中，以期获得未来的经济利益。理财是管理个人资金的一种行为，包括资金的存储、增值和运用等方面。了解投资基本概念是投资者入门的第一步。

（1）投资

投资的范围广泛，可以包括股票、债券、房地产、期货、外汇等各种资产类型。投资的目的是获取未来的经济利益，可能是资本增值、股息、利息、房租收入等形式的回报。投资者通过分散投资风险、选择合适的投资产品和时机，来实现资金的增值和保值。

（2）理财

理财涵盖了个人财务管理的方方面面，包括制定预算、储蓄规划、投资规划、保险规划等。通过合理的理财规划，个人可以实现财务目标，如购买房产、子女教育、退休生活等。理财需要根据个人的收入水平、风险承受能力、时间规划等因素进行综合考虑和规划。

（3）风险

投资风险是指投资过程中遭受损失的可能性。风险的来源包括市场风险、信用风险、流动性风险等。投资者在选择投资产品时需要根据自身的风险承受能力和投资目标来评估风险水平，并采取相应的风险管理措施，以降低投资风险。

（4）回报

回报是投资者对投资所获得的经济利益的衡量。投资产品的回报形式多样，可以是资本增值、股息收益、利息收入、房租收入等。投资者在选择投资产品时，通常会考虑预期回报率、风险水平、流动性等因素，以实现资金的增值和保值。

2.投资产品分类

投资产品根据不同的投资对象和特点可以分为多种类型，主要包括股票、债券、基金、期货、外汇等。

（1）股票

股票是指代表着一家公司所有权的一种金融工具，持有公司股票的投资者即成为公司的股东，享有相应的股权和权益。股票的价格受到市场供需关系、公司业绩、行业环境等因素的影响，具有较高的投资风险和潜在回报。投资者可以通过股票市场获取资本增值和股息收益，实现财富增值。

（2）债券

债券是一种固定收益类投资工具，具有固定的利息支付和到期本金支付的承诺。债券的价格和利率成反比关系，利率上升时债券价格下降，利率下降时债券价格上升。投资者可以通过购买债券获取固定的利息收入，并在债券到期时收回本金。

（3）基金

基金是一种集合投资工具，由基金公司发行和管理。基金公司将投资者的资金集中起来，由专业基金经理根据基金投资组合的投资目标和策略进行资产配置和管理。基金种类多样，包括股票基金、债券基金、混合基金等，投资者可以根据自身的投资需求选择适合的基金产品。

（4）期货

期货是一种金融衍生品，代表着对标的资产未来交割的权利和义务。期货市场提供了高杠杆交易和套期保值等功能，投资者可以通过期货市场进行投机和风险管理。期货市场包括商品期货市场、金融期货市场等，涵盖了大宗商品、金融资产等各种资产类型。

（5）外汇

外汇市场是全球最大的金融市场之一，每天交易规模巨大。投资者可以通过在外汇市场买入和卖出外汇货币对来获取利润，外汇交易具有高流动性和高杠杆交易的特点，投资者可以在全球范围内参与外汇交易，进行投机和风险管理。

3.投资风险管理

投资风险管理是投资者在投资过程中避免或降低投资风险的一系列措施，包括以下几种。

（1）多样化投资

多样化投资是通过将资金投资于不同类型的资产，如股票、债券、房地产等，以分散投资风险的一种策略。例如，投资者可以同时持有股票、债券和黄金等多种资产，以降低某一特定资产类别的风险对整体投资组合的影响。

除资产类别外，投资者还可以通过在不同行业进行投资来实现多样化。这样可以避免某一行业出现问题时，整个投资组合受到过大影响的情况。例如，投资者可以同时投资于科技、金融、医疗等不同行业的公司股票，以降低行业风险。

地域分散投资是指将资金投资于不同地区或国家的资产，以降低地域风险。由于不同地区经济发展水平和政策环境不同，投资者可以通过跨地区投资来分散风险，减少地区性风险对投资组合的影响。

（2）风险评估

在进行投资之前，投资者需要对投资产品的风险特点进行全面评估和认识。这包括了解投资产品的市场风险、信用风险、流动性风险等各方面的情况，以便做出合理的投资决策。

投资者可以利用各种风险评估工具，如价值风险评估、技术分析、基本面分析等，对投资产品进行风险评估。这些工具可以帮助投资者更准确地了解投资产品的风险水平，从而制定更有效的投资策略。

在投资过程中，投资者应该谨慎选择高风险产品，并根据自身的风险承受能力和投资目标进行合理配置。对于高风险产品，投资者需要充分了解其风险特点，并做好风险控制和管理准备。

（3）止损止盈

止损是投资者在投资过程中设定的一个价格水平，当投资产品的价格跌至该水平时，自动出售以减少损失。设置合理的止损点位是投资风险管理的重要方法之一，可以有效避免投资者因市场波动而遭受重大损失。

除止损外，投资者还应该设定合理的止盈目标。止盈是指在投资产品价格达到一定水平时，及时出售以获取利润。通过设定适当的止盈目标，投资者可以在获利的同时避免因过度追求收益而面临风险。

投资者在设定止损和止盈策略时，需要根据市场情况和个人风险偏好进行灵活调整和管理。例如，当投资产品价格出现大幅波动或趋势发生逆转时，投资者可以及时调整止损点位，以避免过度损失。同样，当投资产品价格达到预设的止盈目标时，投资者也应该及时执行止盈策略，锁定收益并规避市场风险。

4. 投资策略

投资策略是投资者在制订投资计划和操作时所采取的方法和策略，常见的投资策略包括以下几种。

（1）价值投资

价值投资是一种通过分析公司基本面价值，寻找低估值的股票进行投资的策略。价值投资者相信市场在短期内可能会对某些股票进行过度反应，导致它们的价格低于其内在价值。因此，价值投资者会寻找那些低估值的股票，并持有以等待价格回归到其内在价值水平。

（2）成长投资

成长投资是一种投资于成长性较强的公司或行业，以获得高于市场平均水平的投资回报的策略。成长投资者关注公司的盈利增长潜力、市场占有率、产品创新能力等因素，选择那些具有较高增长潜力和前景的公司进行投资。他们相信这些公司在未来会取得良好的业绩表现，从而实现投资回报。

（3）指数投资

指数投资是一种 passively（被动）投资的策略，投资者通过购买指数基金等工具，实现市场指数的复制，追踪市场整体表现。指数投资的目标是尽量接近市场的整体表现，避免主动管理带来的费用和风险。指数投资适用于那些相信市场长期稳健增长，并希望分散投资风险的投资者。

（二）传达技巧

在主持投资理财类节目时，主持人需要注意以下传达技巧，以确保观众能够更好地理解和接受投资理财知识。

1. 简明清晰

投资理财领域的知识通常较为复杂，因此主持人应注意使用简单明了的语言，避免使用过多的专业术语，以确保观众易于理解。主持人可以通过以下几种方式实现简明清晰地传达：

（1）用通俗语言解释概念

主持人应该避免过多使用行业术语，而是用通俗易懂的语言来解释投资理财的概念和原理。例如，可以用简单的比喻或例子来说明复杂的概念，让观众更容易理解。比如，将复利计算比喻成雪球越滚越大，可以帮助观众理解复利计算的概念。

（2）逐步引导

主持人可以将复杂的知识点分解成易于理解的部分，逐步引导观众理解，避免一次性讲解过多内容。可以通过设立多个节目环节或分阶段的讲解方式来实现逐步引导。比如，先介绍投资基本概念，然后逐步深入各种投资工具和策略，让观众逐步建立起对投资理财的整体认识。

2. 生动例证

为了使投资理财知识更加生动形象，主持人可以通过提供生动的例子或真实案例来说明。通过实际案例，观众能够更直观地理解投资理财知识的应用和实际效果。主持人可以采取以下几种方式增加理财知识的生动性。

（1）举例说明

主持人可以使用真实的投资案例或历史事件来说明投资理财原理，使观众更容易理解概念和规则。例如，可以通过讲述某位成功投资者的经历，说明他们是如何选择投资标的、制定投资策略，以及最终取得成功的。又或者通过讲述某个行业的兴衰史，来说明投资中的风险和机遇。这样的例子能够使抽象的理论变得具体起来，让观众更容易理解和接受。

（2）图表展示

结合图表、图像等视觉工具，将投资理财知识呈现出来，增加视觉效果，提高观众的理解度。主持人可以通过展示投资回报率的折线图、投资组合的饼状图、资产配置的雷达图等，来说明不同投资方式的风险与收益，以及投资组合的多样性和平衡性。这样的图表能够直观地展示投资理财知识，使观众更容易理解其中的关键概念和规律。

3. 互动性强

在节目中设置互动环节是提高观众参与度和理解度的有效方式。通过与观众的互动，主持人可以更直接地了解观众的需求和疑惑，并及时回应。以下是提高互动性的一些方法。

（1）观众提问环节

这是一个极具互动性的环节，能够促使观众积极参与到节目中来。主持人可以设置专门的时间段，鼓励观众提出问题，可以是关于投资理财知识、个人理财问题或者节目内容的疑问等。这样的互动环节不仅能够满足观众的好奇心，也能够帮助主持人更好地了解观众的需求和困惑，及时给予解答和建议，增强了节目的互动性和实用性。

（2）观众投票或调查

通过设置观众投票或调查环节，可以了解观众对不同投资理财话题的兴趣和看法，进而调整节目内容以更好地满足观众的需求。主持人可以在节目中提出几个选项或话题，然后让观众进行投票或表达自己的看法。通过这种方式，观众可以参与到节目内容的制定中来，增强了他们的参与感和归属感，同时提升了节目的针对性和吸引力。

二、金融产品介绍与分析

在金融产品介绍与分析环节，主持人将为观众详细解读各种投资工具的特点和潜在风险，以帮助他们做出明智的投资决策（图 5-5）。

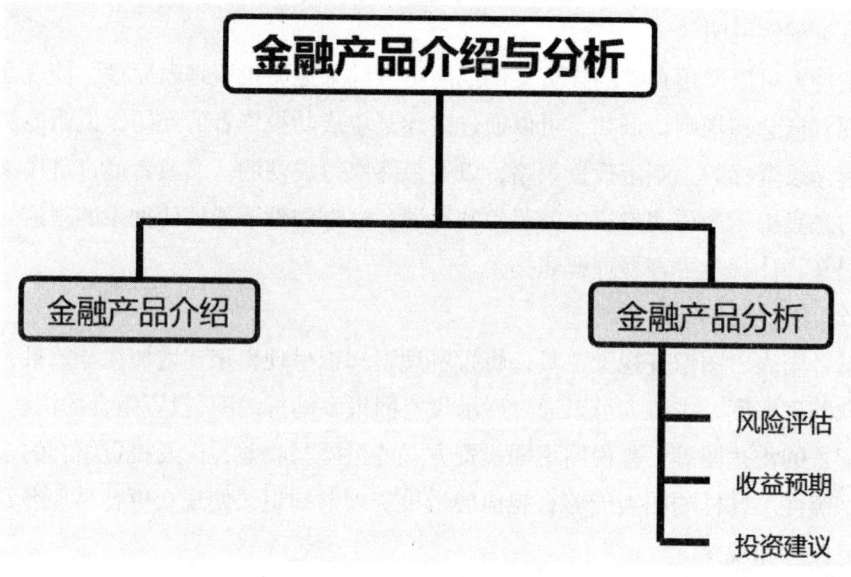

图 5-5　金融产品介绍与分析

（一）金融产品介绍

金融产品是指由金融机构发行的各种投资工具，可以帮助投资者实现财务目标和风险管理。了解不同类型的金融产品对于投资者和主持人都至关重要。首先，我们可以将金融产品分为传统金融产品和新型金融产品两大类。传统金融产品包括存款、债券、股票等，这些产品具有较低的风险和较稳定的收益，适合需要保值和稳健增值的投资者。而新型金融产品则包括了更多创新性的投资工具，如基金、期货、衍生品等，这些产品风险较大，但有较高的收益潜力，适合风险偏好较高的投资者。

在介绍金融产品时，主持人需要清晰地说明每种产品的特点和投资门槛。例如，存款是最为安全的金融产品之一，具有稳定的收益和低风险，适合风险厌恶型的投资者，而股票则是一种风险较高但收益潜力较大的投资工具，需要投资者对市场有一定的了解和风险承受能力。此外，还应该介绍不同金融产品的风险和收益特征，让观众能够更全面地评估每种产品的适用性和风险程度。

除传统的金融产品外，主持人还应该介绍一些新兴的金融产品，如互联网金融产品等。这些产品具有较高的创新性和市场潜力，但也伴随着较高的风险。主持人在介绍这些产品时，需要更加注重其特点和运作机制，以帮助观众更好地理解和把握投资机会。

（二）金融产品分析

主持人应具备对各种金融产品进行分析的能力，包括以下几种。

1. 风险评估

（1）了解产品的风险水平

主持人需要对不同金融产品的风险特征有所了解，包括市场风险、信用风险、流动性风险等。

（2）评估风险与回报的关系

主持人应当能够分析风险与预期回报之间的关系，帮助投资者根据自身风险偏好做出合理的投资决策。

（3）提供风险管理建议

主持人可以向观众介绍一些风险管理的方法和工具，如分散投资、定期复查投资组合等，以降低投资风险。

2. 收益预期

（1）分析产品的收益来源

主持人需要了解不同金融产品的收益来源，包括利息、股利、资本增值等。

（2）预测收益水平

主持人应当能够根据市场走势和历史数据等信息，对金融产品的未来收益进行合理预测，并向观众提供相应建议。

（3）警示潜在风险

主持人在介绍收益预期时，也应提醒观众可能存在的风险，避免因过分追求高收益而忽视风险。

3.投资建议

（1）了解观众的投资目标

主持人应当了解观众的投资目标、风险承受能力和投资期限等，以提供个性化的投资建议。

（2）结合市场情况提供建议

主持人需要根据当前的市场情况和经济形势，向观众提供相应的投资建议和策略，例如，在牛市期间可以适当增加股票类资产的配置比例。

（3）注重投资组合的多样性

主持人应鼓励观众进行投资组合的多样化配置，降低整体投资风险，提高长期投资回报。

三、与专业嘉宾的沟通与互动

在与专业嘉宾的沟通与互动中，主持人的角色至关重要。首先，嘉宾邀请是确保节目专业性和权威性的基础，主持人需要具备策划和组织能力，精心选择具有资深经验和专业知识的专家。其次，沟通技巧的运用可以有效地促进主持人与嘉宾之间的交流，主持人需要倾听和理解嘉宾的观点，提出犀利的问题引导嘉宾深入讨论，并适时引导互动，让观众参与其中，增强节目的吸引力和互动性（图5-6）。

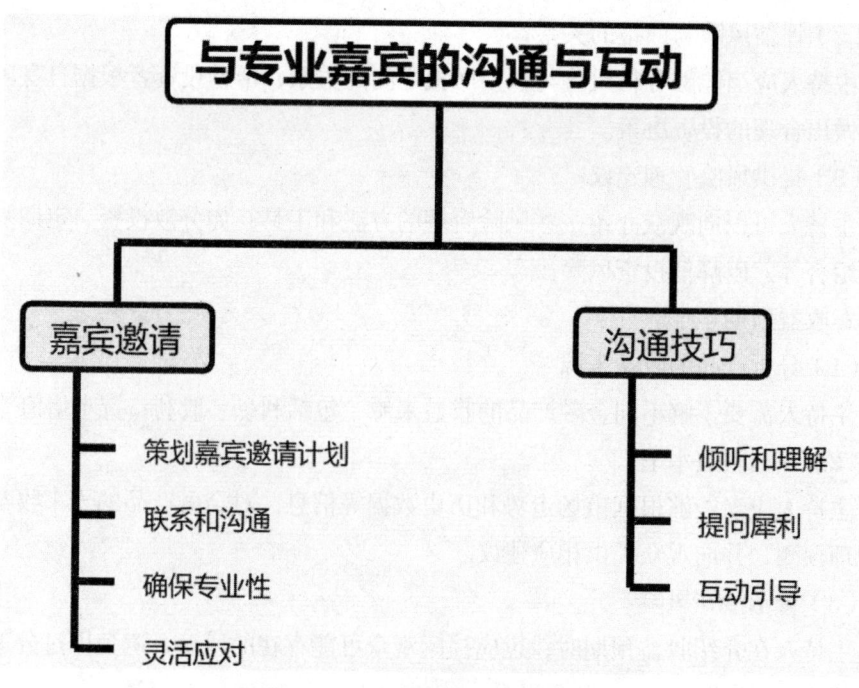

图5-6 与专业嘉宾的沟通与互动

（一）嘉宾邀请

主持人在邀请专业嘉宾时，需要具备一定的策划和组织能力，以确保选择到具有资深经验和专业知识的金融领域专家，从而保证节目内容的专业性和权威性。这包括以下几个方面。

1.策划嘉宾邀请计划

（1）确定节目主题和内容

主持人首先需要明确节目的主题和内容，例如关于投资理财、经济形势分析还是金融市场展望等。这有助于确定需要邀请的专业嘉宾类型。

（2）选择合适的专业嘉宾

根据节目主题和观众需求，主持人应该选择具有资深经验和专业知识的金融领域专家作为嘉宾。这可能包括经济学者、投资顾问、金融分析师、资深银行家等。

（3）规划邀请时间表

在确定嘉宾类型后，主持人需要制定邀请时间表，确保能够及时联系并邀请到合适的嘉宾参与节目录制。同时，要考虑到嘉宾的日程安排和档期。

2.联系和沟通

（1）积极主动地沟通

主持人应当以积极主动的态度与潜在嘉宾进行联系和沟通。这包括发送邀请函或邮件，电话联系或面对面沟通，以确保嘉宾能够清晰了解节目的主题、形式以及他们在节目中的角色和责任。

（2）明确节目宗旨和目标

在沟通过程中，主持人需要清晰地说明节目的宗旨和目标，以便嘉宾能够准确把握节目的方向和内容，并根据需要做好充分的准备。

（3）灵活应对嘉宾需求

在沟通过程中，主持人还需要灵活应对嘉宾的需求和提议，例如针对录制时间和地点的调整，以确保嘉宾能够顺利参与节目录制。

3.确保专业性

（1）评估嘉宾的专业水平

主持人在邀请嘉宾时，需要通过多种途径来评估其专业水平，包括查阅相关背景、参考评价和口碑等。这有助于确保能够选择到具有丰富经验和专业知识的专家。

（2）提供充足信息和支持

为了确保节目内容的专业性和权威性，主持人在与嘉宾沟通的过程中，应当提供充足的信息和支持，帮助嘉宾准备充分，以便能够在节目中发挥最佳水平。

4.灵活应对

（1）调整录制时间和地点

主持人需要具备灵活应对的能力，根据嘉宾的时间和日程安排，灵活调整节目的录制时间和地点，以确保嘉宾能够顺利参与节目录制。

（2）保持沟通流畅

在与嘉宾沟通的过程中，主持人需要保持沟通流畅，及时回复嘉宾的信息和提问，以确保信息传递的准确性和效率。

（二）沟通技巧

1.倾听和理解

（1）尊重嘉宾观点

主持人在与专业嘉宾交流时，应展现出尊重和理解的态度，充分倾听嘉宾的观点和见解。这种尊重不仅体现在言语上的礼貌，更应体现在对嘉宾观点的认真对待和充分理解。

（2）保持开放心态

主持人要保持开放的心态，接纳不同的观点和意见。即使与自己观点相悖，也应以积极的姿态去理解和接受，以便更好地引导节目内容，提升沟通效果。

（3）促进良好沟通氛围

倾听和理解是促进良好沟通氛围的关键。主持人应通过提出问题、表达认同等方式，积极参与到嘉宾的讨论中，从而增强沟通的互动性和效果。

2.提问犀利

（1）准备充分的问题

主持人在节目录制前应对话题进行充分准备，提出具有针对性和深度的问题。这些问题应当紧扣节目主题，引导嘉宾深入探讨，为观众带来更有价值的内容。

（2）具有前瞻性和深度性

提问要具有前瞻性，能够引导嘉宾展望未来趋势和发展方向；同时要具有深度性，能够挖掘问题的本质，引发嘉宾思考和讨论。

（3）激发嘉宾思维

犀利的问题能够激发嘉宾的思维，引导他们分享更深入的见解和经验。主持人应善于提出引人深思的问题，从而促进节目内容的深度和广度。

3.互动引导

（1）适时引导观众互动

在节目中，主持人应适时引导嘉宾与观众进行互动，通过提问观众问题或邀请观众参与讨论，增加节目的互动性和吸引力。

（2）分享实用经验和技巧

主持人可以通过引导嘉宾分享实用的经验和技巧，帮助观众更好地理解和应用金融知识。这种互动引导不仅增加了节目的实用性，也提升了观众的参与度和学习效果。

单元三 商业访谈与财经话题引导技巧

一、商业访谈策略与话题引导

商业访谈是一项复杂而又关键的任务，而主持人的嘉宾选择和准备工作是确保节目成功的第一步。通过精心的选择合适的嘉宾和充分的准备工作，主持人能够为观众带来更具价值和吸引力的节目内容。在嘉宾选择和准备工作之后，主持人还需要灵活运用访谈技巧，巧妙引导对话，增加节目的互动性和吸引力，让观众在轻松愉快的氛围中获得更多的收获和乐趣（图5-7）。

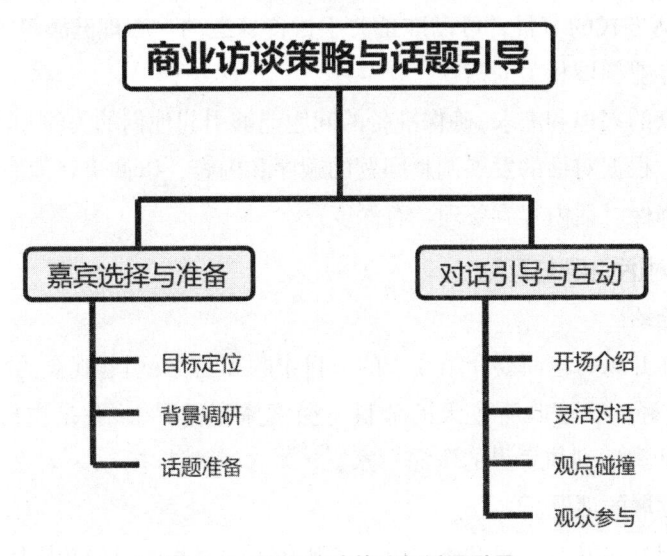

图5-7 商业访谈策略与话题引导

（一）嘉宾选择与准备

在进行节目主持时，选择合适的嘉宾并充分准备是确保节目内容质量和观众满意度的关键。以下是嘉宾选择与准备的具体步骤和注意事项。

1.目标定位

明确节目目标和受众群体是选择合适嘉宾的首要步骤。例如，如果节目旨在探讨健康生活方式,目标可能是为观众提供健康知识和启发。而受众群体可能是关注健康的成年人。

根据节目目标和受众群体,确定需要哪些专业领域的嘉宾。在健康生活方式节目中,可能需要医生、营养师、运动教练等专业人士作为嘉宾,以提供专业知识和建议。

2. 背景调研

进行针对性地背景调研,了解潜在嘉宾的专业领域、工作经历和学术背景。对于医生嘉宾,可以查看其医学资质和在健康领域的研究成果;对于营养师,可以了解其专业认证和营养指导经验。

深入了解嘉宾的观点立场和传播风格,以确保与节目主题和受众群体相吻合。例如,了解嘉宾是否支持特定的健康饮食方案或运动方式,以便在节目中引导嘉宾讨论。

3. 话题准备

根据节目主题和嘉宾特点,准备能够引导深入探讨的话题和问题清单。例如,针对健康生活方式的节目,可以准备关于饮食、运动、心理健康等方面的问题,以及与嘉宾专业领域相关的话题。

考虑观众的兴趣和需求,确保准备的问题能够引起他们的关注和共鸣。同时,保持灵活性,根据对话的发展调整问题的顺序和内容,以便更好地回应嘉宾的回答和观点,确保对话内容有条理、有深度。

(二)对话引导与互动

1. 开场介绍

主持人在开场时应简要介绍今天的节目主题和嘉宾,引起观众的兴趣和关注。例如:"大家好,欢迎收听今天的节目《探索体育世界》,我是主持人×××。今天我们有幸邀请到体育界的资深专家、×××大学教授×××先生,一起探讨体育产业发展的话题。"

通过介绍嘉宾的背景和专业领域,让观众了解嘉宾的身份和资历,增加对节目的信任和兴趣。

2. 灵活对话

主持人要灵活运用对话技巧,避免僵硬的问答模式。可以通过引导嘉宾分享个人故事、趣闻逸事或专业见解,让对话更加生动有趣。例如:"×××先生,您能分享一下您最难忘的一次体育事件吗?"

主持人可以运用开放性问题和积极倾听的方式,鼓励嘉宾展开自己的想法和观点，让对话更具互动性和深度。例如："对于体育产业的未来发展，您有什么独特的见解吗？"

3. 观点碰撞

主持人可以有意识地引导嘉宾就某些话题展开讨论，促使不同观点的碰撞和交流。例如："×××先生曾提到了体育产业的市场化问题，您对此有何看法？"

通过鼓励嘉宾就不同观点进行辩论和交流，可以激发出更深入的思考和讨论，使节目更加丰富多彩。

4. 观众参与

主持人可以设立观众提问环节，鼓励观众参与讨论。可以通过电话、短信、社交媒体等方式收集观众的问题和意见，与嘉宾进行互动。例如："现在我们接到了一位观众的来电，他想问×××先生关于体育赛事的看法。"

观众参与的方式可以增加节目的趣味性和参与度，同时能够使节目更加贴近观众的需求和关注点。

二、财经专题讨论与观点引导

在话题选择与准备的基础上，主持人需要精心引导讨论，以确保节目内容丰富、观点多元（图 5-8）。

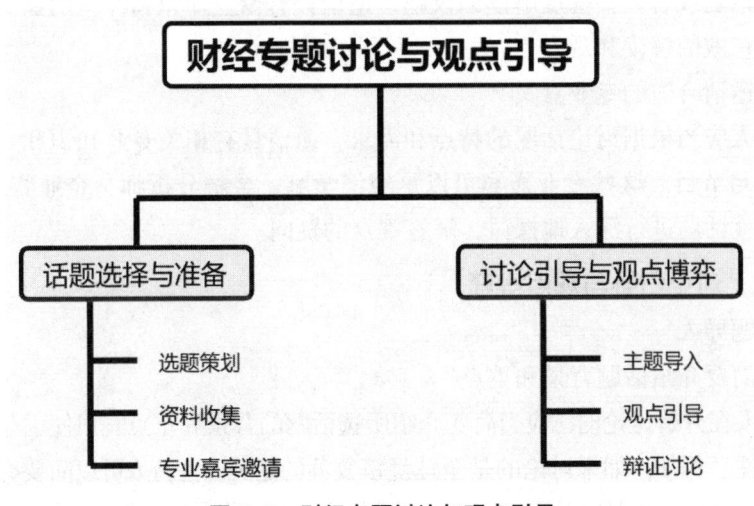

图 5-8 财经专题讨论与观点引导

（一）话题选择与准备

1. 选题策划

（1）确定时事热点和观众的关注度

在选题策划阶段，主持人需要密切关注当前的时事热点和观众的关注度。财经领域涉及的话题广泛，可以从国内外经济形势、金融市场走势、企业经营管理、投资理财等方面选择具有代表性且备受关注的专题。

（2）确保讨论内容具有吸引力和实用性

选定的财经专题应当具有吸引力和实用性，能够引起观众的兴趣并且能够为他们解决实际问题。可以结合当前热点事件或者具有争议性的经济议题，如全球贸易战对经济的影响等，让观众在节目中获得新知识和启发。

2.资料收集

（1）提前收集相关资料和数据

主持人在准备节目之前应当进行充分的资料收集工作，收集相关的财经报道、行业分析、数据统计等信息，以便深入了解讨论话题的背景和相关情况。

（2）深入了解和准备讨论话题

主持人需要对选定的财经专题进行深入了解和充分准备，掌握其相关理论知识、实践案例以及最新发展动态，以确保能够在节目中对话题进行专业、客观地呈现和分析。

3.专业嘉宾邀请

（1）确定专业嘉宾的需求

针对选定的财经专题，主持人需要确定是否邀请专业嘉宾参与讨论。对于一些复杂的话题或者需要深度解读的议题，邀请具有专业知识和经验的嘉宾能够为观众提供权威的解读和观点。

（2）邀请合适的专业嘉宾

主持人应当根据讨论话题的特点和需求，邀请具有相关专业知识和经验的专业人士参与节目。这些专业嘉宾可以是经济学家、金融分析师、企业管理者等，他们能够就话题进行深入地探讨，解答观众的疑问。

（二）讨论引导与观点博弈

1.主题导入

（1）简要介绍话题背景和重点

主持人在开始讨论时，应当简要介绍所选话题的背景和重点，以便引起观众的兴趣和关注。例如，如果讨论的是全球经济复苏的趋势，主持人可以简要介绍近年来各国经济增长的情况以及影响因素，表明全球经济复苏的重要性和面临的挑战。

（2）明确讨论的目的和范围

主持人还应明确讨论的目的和范围，以免讨论偏离主题或过于笼统。例如，在讨论全球经济复苏时，主持人可以明确讨论的目的是分析复苏趋势和挑战，并探讨应对策略的有效性和可行性。

2.观点引导

（1）有针对性地引导嘉宾分享观点和看法

主持人应有针对性地引导嘉宾分享他们的观点和看法，鼓励他们从不同的角度出发，分析问题并提出解决方案。例如，可以针对全球经济复苏的问题询问嘉宾对于经济复苏速度、影响因素、政策调控等方面的看法，并鼓励嘉实就其观点进行深入阐述。

（2）引导嘉宾展开深入的讨论

主持人应引导嘉宾展开深入的讨论，帮助观众更好地理解和思考问题。例如，可以针对嘉宾提出的观点进行追问，挖掘其背后的逻辑和原因，并促使他们提供更具体的案例或数据支持。

3.辩证讨论

（1）鼓励嘉宾之间展开辩证讨论

主持人应鼓励嘉宾之间展开辩证讨论，促使不同观点的对话和碰撞，以便观众能够从多个角度全面地了解问题。例如，可以就不同嘉宾提出的观点进行对比和对话，引导他们就差异之处展开讨论。

（2）帮助观众全面理解和思考问题

主持人应帮助观众全面理解和思考问题，通过引导嘉宾的辩证讨论，让观众了解到问题的复杂性和多样性。例如，可以总结不同观点的优缺点，并提出问题的解决思路，以便观众在讨论结束后能够得出自己的结论和见解。

三、经济预测与展望分析

在数据分析与趋势预测的基础上，主持人需要深入探讨未来的经济展望，并提出相关的策略建议，以引导观众在复杂的经济环境中做出明智的决策（图 5-9）。

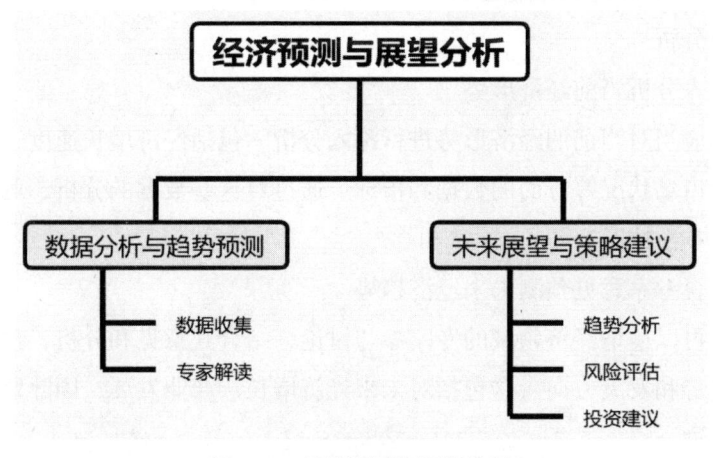

图 5-9　经济预测与展望分析

（一）数据分析与趋势预测

1. 数据收集

（1）收集各种经济数据和指标

主持人应当积极收集各种经济数据和指标，包括国内生产总值（GDP）、消费者物价指数（CPI）、生产者物价指数（PPI）、失业率、工业产值等，以全面了解当前经济形势和趋势变化。这些数据可以从政府部门、金融机构、行业研究机构等渠道获取。

（2）分析当前经济形势和趋势变化

主持人需要对收集到的经济数据进行深入分析，了解当前经济形势和趋势变化。通过数据的对比分析和趋势分析，可以发现经济运行的规律和特点，为后续的预测提供依据。

2. 专家解读

（1）邀请经济领域的专家参与讨论

主持人可以邀请具有丰富经验和权威地位的经济领域专家参与讨论，分享他们对经济形势和未来发展的看法和预测。这些专家可以是经济学家、金融分析师、行业研究员等，他们能够为观众提供权威的解读和分析。

（2）分享专家对经济形势和未来发展的看法和预测

主持人应当引导专家分享他们对经济形势和未来发展的看法和预测，包括对经济增长、通货膨胀、就业形势、产业发展趋势等方面的分析和预测。通过专家的解读，观众可以更好地了解当前经济形势和未来经济发展的走向。

（二）未来展望与策略建议

1. 趋势分析

（1）深入分析当前经济形势

主持人应当对当前的经济形势进行深入分析，包括经济增长速度、通货膨胀水平、就业市场状况等方面的数据和指标。通过对这些数据的分析，可以了解当前经济的基本面情况。

（2）结合专家意见预测未来经济趋势

主持人可以邀请经济领域的专家参与讨论，结合其意见和分析，预测未来可能的经济趋势和发展方向。这包括对未来经济增长、产业发展、国际贸易等方面的展望和预测。

2.风险评估

（1）识别可能影响经济发展的风险因素

主持人应当识别可能影响经济发展的各种风险因素，包括政治、经济、社会等各个方面的因素。这些风险因素可能包括地缘政治冲突、经济周期波动、自然灾害等。

（2）评估风险影响并提出防范措施

主持人应当评估这些风险因素对经济发展的可能影响，并提出相应的防范措施和策略建议。这包括如何加强政策调控、优化产业结构、加强社会稳定等方面的建议。

3.投资建议

（1）根据趋势分析提出投资建议

主持人可以根据对当前经济形势和未来趋势的分析，提出相关的投资建议和策略指导。这包括对不同资产类别的投资预期、风险收益特征等方面的建议。

（2）帮助观众进行理财规划和资产配置

主持人的投资建议和策略指导可以帮助观众更好地进行理财规划和资产配置，根据自身的风险偏好和投资目标，合理分配资产，实现财务目标。

思考题

1.在播报经济新闻时，你认为最关键的播报技巧是什么？为什么这些技巧至关重要？

2.在主持投资理财类节目时，你认为主持人应该具备哪些专业知识和技能？请列举并解释其重要性。

3.在进行财经类商业访谈时，你认为最重要的技巧是什么？请解释其重要性。

模块六　访谈类节目主持

单元一　访谈节目主持准备与话题策划

一、访谈节目策划与主题选取

在策划访谈节目时，精心选择主题至关重要。以下是访谈节目策划与主题选取的关键因素（图6-1）。

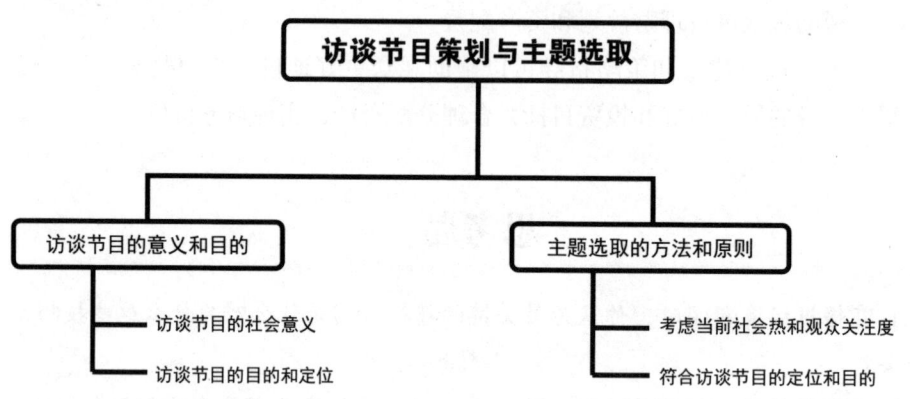

```
                    访谈节目策划与主题选取
                    ┌──────┴──────┐
            访谈节目的意义和目的      主题选取的方法和原则
            ├─ 访谈节目的社会意义     ├─ 考虑当前社会热和观众关注度
            └─ 访谈节目的目的和定位   └─ 符合访谈节目的定位和目的
```

图6-1　访谈节目策划与主题选取

（一）访谈节目的意义和目的

访谈节目的意义和目的是让观众从多个角度了解和思考不同的话题，推动社会进步和发展。

1.访谈节目的社会意义

（1）信息传递与启发思考

访谈节目通过对话形式，可以向观众传递丰富的信息和见解，引发观众的思考，挖掘潜在问题，促进个人和社会的进步与发展。

（2）宣传、教育、引导

访谈节目作为一种重要的传媒形式，能够宣传、教育和引导观众关注社会热点，提升社会责任感，促进良好价值观的传播和塑造。

（3）增进了解和认知

访谈节目通过探讨各种话题，帮助观众更深入地了解特定领域或问题，拓宽视野和知识面，促进社会群体的理解和认知。

（4）促进交流与互动

访谈节目提供嘉宾和观众之间进行直接对话和交流的平台，加强了信息的双向传递和社会互动，拉近了人与人之间的距离。

2. 访谈节目的目的和定位

（1）深入探讨特定领域或话题

通过深入的访谈和分析，访谈节目能够对特定领域或话题进行全面探讨和剖析，挖掘出话题的内涵和复杂性，并引发观众对该领域或话题的更深度的思考。

（2）启发观众的思考和理解

访谈节目通过嘉宾的观点和案例，激发观众的思考，启发他们对相关话题的理解和反思，达到扩大知识面、提升思维深度的目的。

（3）多元观点与互动性强

访谈节目应体现多元观点、多方参与，鼓励不同观点的碰撞与交流，以实现多元化思维的碰撞并形成新的观点。

（4）针对受众需求的定制化

访谈节目的定位应根据受众的需求和媒体平台的特点来确定，有针对性地定制话题和形式，以满足特定观众群体的需求，提供个性化的内容。

（二）主题选取的方法和原则

主题选取在访谈节目制作中起着至关重要的作用，需要考虑多方面的因素以确保节目的质量和吸引力。

1. 考虑当前社会热点和观众关注度

（1）媒体报道分析

主持人可以通过仔细分析主流媒体的报道和评论，了解当前社会的热点问题和观众广泛关注的话题，从中找到潜在的讨论主题。

（2）社交媒体趋势

观察社交媒体上的话题讨论和热门事件，分析观众在社交平台上的互动和反馈，从中挖掘引人关注的话题线索。

（3）舆情研究调研

借助舆情研究工具或专业调查手段，对当前社会话题和公众舆论进行深入调研，了解观众关注度和讨论热度，为主题选取提供数据支持。

2.符合访谈节目的定位和目的

（1）定位一致性

主持人应确保选择的讨论主题与访谈节目的整体定位和风格相一致，符合节目的理念，以确保节目的连贯性和一致性。

（2）深度和广度

主题选取需要符合访谈节目的深度探讨和广泛涉及的特点，能够引发观众思考和深度讨论，具有一定的知识性和见解性。

（3）兴趣引发

主持人需要选择能够引发观众兴趣和共鸣的主题，涉及观众普遍关注的社会问题、生活话题或具有新颖性和独特性的内容，以提升节目的收视率和影响力。

二、嘉宾邀约与采访准备

在嘉宾邀约和采访准备的过程中，主持人需要注重细节和沟通技巧，以确保与嘉宾的良好合作和访谈内容的质量。接下来将详细探讨这两个关键步骤（图6-2）。

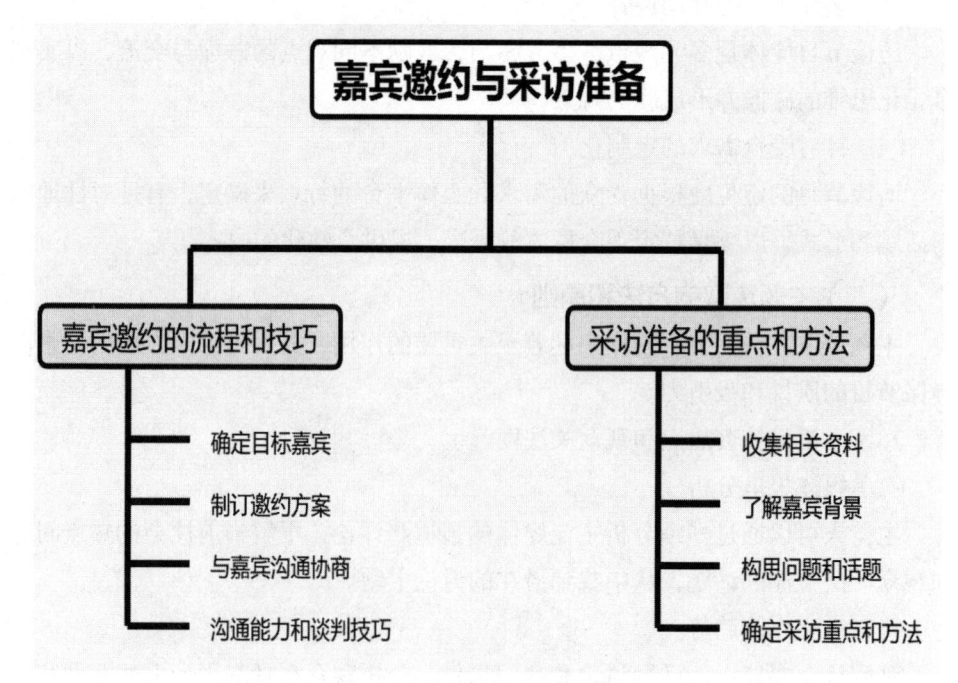

```
                    嘉宾邀约与采访准备
                    ┌──────────┴──────────┐
            嘉宾邀约的流程和技巧      采访准备的重点和方法
            ├─ 确定目标嘉宾          ├─ 收集相关资料
            ├─ 制订邀约方案          ├─ 了解嘉宾背景
            ├─ 与嘉宾沟通协商        ├─ 构思问题和话题
            └─ 沟通能力和谈判技巧    └─ 确定采访重点和方法
```

图6-2 嘉宾邀约与采访准备

（一）嘉宾邀约的流程和技巧

在进行嘉宾邀约时，主持人需要遵循一定的流程和技巧，以确保成功邀约嘉宾并与其建立良好的合作关系。

1. 确定目标嘉宾

（1）主题相关性

确保目标嘉宾与访谈主题紧密相关，具有丰富的经验、权威性或专业性，能够为节目增加价值和吸引力。

（2）观众关注度

考虑目标嘉宾在观众中的知名度和影响力，选取受欢迎和备受关注的人物，能够引起观众的兴趣和共鸣。

2. 制订邀约方案

（1）邀约方式

根据嘉宾的偏好和节目需求，选择合适的邀约方式，可以是书面邀约函、邮件、电话等，并明确表达节目的重要性以及对嘉宾的认可和尊重。

（2）邀约细节

在邀约方案中明确约定节目录制时间、地点、时长，提供必要的信息和资料，以便嘉宾全面了解节目内容。

3. 与嘉宾沟通协商

（1）及时回复

对嘉宾的积极回应和提问尽快作出回复，以表现出自己的诚意和对嘉宾的重视，避免造成误解和不必要的延迟。

（2）解决问题与分歧

与嘉宾协商期间可能会出现问题和不同意见，主持人需要灵活处理，展示出解决问题和协商的能力，以确保合作关系顺利进行。

4. 沟通能力和谈判技巧

（1）倾听和尊重

善于倾听嘉宾的观点和需求，并给予充分的尊重和反馈，展示出良好的沟通技巧和人际关系能力。

（2）售卖节目亮点

突出节目的独特性和吸引力，向嘉宾介绍节目的优势、收视预期和观众群体，并在谈判过程中灵活调整以满足嘉宾的要求。

（二）采访准备的重点和方法

采访准备是确保访谈顺利进行的关键步骤。在采访前，主持人需要做好充分的准备工作，以确保采访内容的质量和效果。

1. 收集相关资料

（1）媒体报道

主持人应仔细研究与访谈主题相关的媒体报道，了解嘉宾在公众话题中的观点和表现，为采访提供背景信息和线索。

（2）研究文献

对相关领域的学术研究文献进行阅读和分析，了解行业趋势和发展动态，以便和嘉宾展开有深度的对话和交流。

（3）嘉宾个人资料

收集嘉宾的教育背景、著作、演讲记录等个人资料，了解其研究领域、成就和观点，为采访提供更全面地了解和认识。

2. 了解嘉宾背景

（1）专业领域

主持人应熟悉嘉宾的专业领域和学术成就，了解其在该领域的权威性和专业性，为采访提供合适的话题和问题。

（2）意见和观点

深入了解嘉宾的观点、立场和研究成果，以便在采访过程中引导嘉宾发表深入、见解性的讲话和回答。

3. 构思问题和话题

（1）针对性问题

基于对嘉宾个人资料的研究和了解，主持人应设计具有针对性的问题，围绕访谈主题和嘉宾专长，提出具体、深入的问题，引发嘉宾的思考和回答。

（2）开放性问题

主持人应提出开放性的问题，允许嘉宾自由陈述观点和经验，促进讨论的深度和广度。

4. 确定采访重点和方法

（1）核心议题

主持人应确定访谈的核心议题，明确访谈的主要关注点和目标，将嘉宾的观点和实践经验与核心议题紧密联系起来。

（2）采访形式和风格

根据访谈主题和嘉宾的特点，选择适合的采访形式和风格，如对话式、主题式、故事式等，以确保访谈节目的连贯性和吸引力。

（3）互动方式

主持人可以设计互动环节，包括提问、引导讨论、邀请观众提问等，增加访谈的参与度和互动性。

三、节目形式与流程设计

在访谈节目的策划中，选择合适的节目形式和设计流程是确保节目吸引力和观众体验的关键（图6-3）。

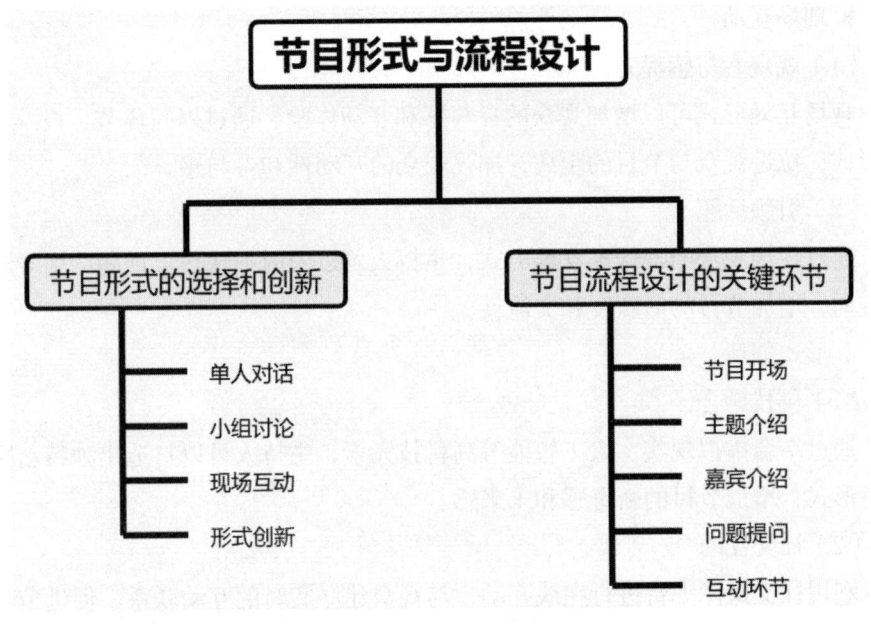

```
节目形式与流程设计
├── 节目形式的选择和创新
│   ├── 单人对话
│   ├── 小组讨论
│   ├── 现场互动
│   └── 形式创新
└── 节目流程设计的关键环节
    ├── 节目开场
    ├── 主题介绍
    ├── 嘉宾介绍
    ├── 问题提问
    └── 互动环节
```

图6-3 节目形式与流程设计

（一）节目形式的选择和创新

在选择节目形式时，主持人需要考虑访谈节目的特点、目标受众以及访谈内容的性质，以确保形式与内容相匹配，并能够吸引观众的注意力。

1.单人对话

（1）个性化深度

单人对话形式适用于深入探讨一个嘉宾的观点和经历，有利于展现嘉宾的人格魅力和专业知识，让观众更好地了解和认识嘉宾。

（2）深度交流

通过单人对话，主持人可以有更多的时间和空间与嘉宾展开深度交流，挖掘出更具价值和内容丰富的访谈内容，提升节目的信息量和品质。

2. 小组讨论

（1）多视角碰撞

小组讨论能够呈现不同嘉宾之间观点的冲突与碰撞，为观众呈现多元化的思想和观点，引发观众的思考和讨论。

（2）话题犀利

通过小组讨论，主持人可以引导出更具争议性和深度的话题，展示出不同声音的对话和交锋，增加节目的吸引力和话题性。

3. 现场互动

（1）观众参与感提升

现场互动形式可以增加观众的参与感和互动体验，通过提问环节、投票互动等形式，拉近观众与节目的距离，加强观众的互动性和参与感。

（2）引领话题

通过现场观众的提问和互动方式，主持人可以及时抓住热点话题，引导讨论的方向，增加节目的活跃度和交流性。

4. 形式创新

（1）科技融合

通过结合虚拟现实、人工智能等高科技元素，主持人可以打造出独特新颖的节目形式，增加节目的新奇感和未来感。

（2）社交互动

利用社交媒体平台进行在线互动，与观众建立实时的互动联系，促进节目和受众之间的互动和沟通，提升节目的互动价值和传播力。

（二）节目流程设计的关键环节

设计节目流程时，主持人需要合理安排每个环节，确保节目的连贯性和吸引力，从而达到更好的传播效果和观众体验。

1. 节目开场

（1）吸引注意力

主持人在节目开场阶段可以运用生动的语言、视觉效果或音效来吸引观众的注意力，营造出轻松愉快的氛围，让观众产生好奇心。

（2）主题预告

通过简要介绍本期节目的主题和嘉宾，让观众迅速了解节目内容，激发他们的关注和兴趣，为后续访谈做铺垫。

2. 主题介绍

（1）清晰阐述

主持人在主题介绍环节应清晰明确地说明本期节目的主题和目的，让观众明白访谈的重点和意义，引导他们与节目内容建立联系。

（2）引发思考

通过引发观众的思考和探索欲望，主持人可以在主题介绍中提出引人深思的问题或议题，增加观众的讨论热情和参与度。

3. 嘉宾介绍

（1）信息简洁

主持人介绍嘉宾时信息应简洁明了，突出其姓名、职业背景和相关成就，便于观众快速理解和认知。

（2）引发兴趣

通过介绍嘉宾的亮点和特质，主持人可以引发观众对嘉宾的好奇心和期待，为后续访谈环节构建期待和氛围。

4. 问题提问

（1）针对性问题

主持人应根据访谈主题和嘉宾特点设计针对性强的问题，引导嘉宾展开深入讨论和回答，确保节目内容的丰富性和深度。

（2）引导交流

通过灵活的提问方式和技巧，主持人可以促进嘉宾间的交流和互动，引导出更具价值和见解的内容，增加节目的吸引力和话题性。

5. 互动环节

（1）提升参与度

通过安排现场观众提问、电话连线或社交媒体互动等形式，主持人可以增加观众的参与度和互动体验，拉近嘉宾与观众的距离，增强节目的互动性和趣味性。

（2）把握节奏

在互动环节中，主持人需要灵活把握节目的节奏和氛围，及时调整互动形式和内容，使互动环节既有趣味性又能保持与访谈内容的衔接，提升观众的参与感受。

单元二　嘉宾沟通与情感把控能力培养

一、嘉宾关系管理与沟通技巧

在建立良好的嘉宾关系和运用有效沟通技巧的过程中，关键在于如何平衡对嘉宾的了解与尊重，在互信互动中促进有意义的对话和交流（图6-4）。

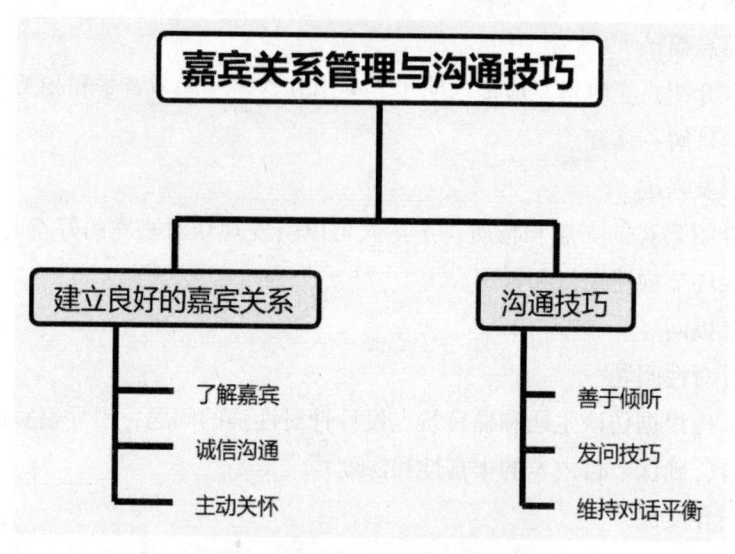

图6-4　嘉宾关系管理与沟通技巧

（一）建立良好的嘉宾关系

1. 了解嘉宾

（1）背景调研

在邀请嘉宾前，主持人应深入了解嘉宾的背景资料、个人兴趣爱好、专业领域和研究成就，以便为访谈提供更多话题和内容线索。

（2）有针对性了解

针对嘉宾的特点和专长，主持人应有针对性地了解其在公众领域的观点、态度和表现，为访谈做足准备。

2. 诚信沟通

（1）建立互信关系

与嘉宾建立诚信和互信的关系是建立良好嘉宾关系的关键。主持人应坦诚相待、尊重嘉宾，通过真诚地沟通建立起良好的合作氛围。

（2）表达重视

在沟通过程中，主持人应表达对嘉宾的重视和赞赏之情，让嘉宾感受到自己在节目中的重要性，增进彼此间的合作氛围。

3. 主动关怀

（1）保持联系

邀请嘉宾后，主持人应保持与嘉宾的联系，主动关心其近况和动态，展现出对嘉宾的关心和尊重，建立长久稳定的合作关系。

（2）积极反馈

在与嘉宾的交流中，主持人应积极给予反馈和回应，及时回复信息、解决问题，展现出高效的沟通和处理能力，增强彼此之间的信任感和合作愿景。

（二）沟通技巧

沟通技巧在访谈节目中起着至关重要的作用，能够有效促进信息传递和互动，提高访谈的深度和质量。

1. 善于倾听

（1）充分尊重

主持人在与嘉宾交流时，应表现出真诚的尊重和关注，倾听嘉宾的表达，认真体会其观点和看法，营造出良好的交流氛围。

（2）主动引导

通过耐心倾听和积极回应，主持人可以有效引导嘉宾展开话题，鼓励其表达更深入、具体的想法，使访谈内容更加丰富和有价值。

2. 发问技巧

（1）开放式问题

灵活运用开放式问题可以引导嘉宾展开自由表达，深入探讨观点和看法，带来更具深度和细致的访谈内容。

（2）封闭式问题

适当使用封闭式问题可以获取简短明确的信息或观点，帮助整理思路和重点，推动访谈的进展。

（3）反问技巧

合理设置反问可以让访谈更具针对性和交互性，引导嘉宾进一步深入思考和互动，探讨更有趣味性和见解性的话题。

3.维持对话平衡

（1）公正公平

主持人应确保对话中每位嘉宾都能有充分的发言机会，避免其中一位嘉宾话语过多从而压制其他嘉宾发言，保持对话的公正和平衡。

（2）转换话题

在对话过程中，主持人可灵活转换话题，带动整体对话氛围，从而保持访谈的紧凑流畅，让各位嘉宾都能在适当的时机表达自己的观点。

二、情感把控与情绪管理

在掌握情感把控能力和情绪管理技巧的同时，主持人应更加从容地面对各种节目情境，提升自我修养与专业素养，为观众带来更具吸引力和影响力的节目体验（图6-5）。

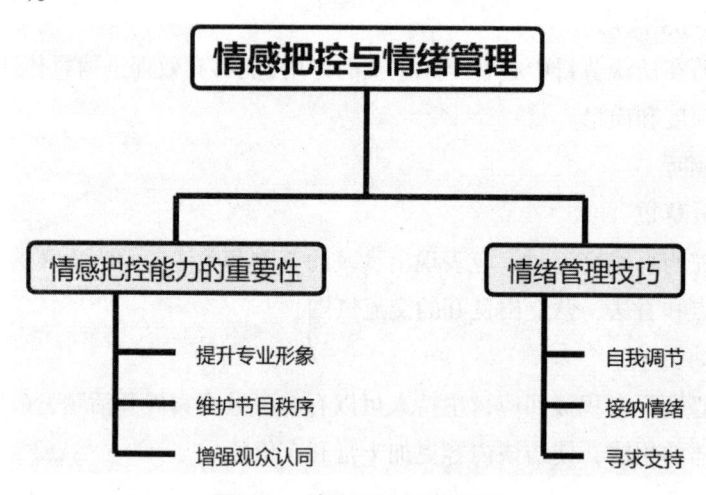

图6-5 情感把控与情绪管理

（一）情感把控能力的重要性

情感把控能力在访谈节目中的重要性不可忽视，主持人的情感表达和情绪管理直接影响着节目的质量和效果。

1.提升专业形象

（1）冷静沉稳

情感把控能力使主持人能够保持冷静、沉稳的情绪状态，在面对各种压力和挑战时表现出专业成熟的形象，提升其在观众心目中的形象和信任度。

（2）尊重嘉宾

通过情感把控，主持人能够有效地表达对嘉宾的尊重和礼貌，在交流中保持客观公正，展现出专业素养和品格修养，塑造积极正面的专业形象。

2. 维护节目秩序

（1）管理讨论氛围

情感把控能力使主持人能够在与嘉宾的交流中保持客观中立、情绪稳定，有效引导讨论和管理讨论氛围，确保节目内容的质量和秩序，避免情绪化影响节目进程。

（2）应对意外情况

良好的情感把控能力使主持人能够应对突发事件或意外情况，保持镇定和冷静的态度，及时处理问题，确保节目顺利进行，展现出应对突发状况的能力和水平。

3. 增强观众认同

（1）自信表现

借助情感把控能力，主持人能够展现出自信、稳重的表现，赢得观众的认可和尊重，树立起权威和可信赖的形象，提升观众对节目的认可度和忠诚度。

（2）赢得信任

通过情感把控，主持人能够保持中立公正的角色，让观众感受到主持人的专业性和真诚，获得观众的信任和支持，增强节目的影响力和观赏性。

（二）情绪管理技巧

情绪管理技巧在访谈节目中对于主持人的表现和节目效果至关重要。

1. 自我调节

（1）呼吸调控

主持人可以通过深呼吸、放慢呼吸节奏等技巧来调节自己的情绪状态，帮助稳定情绪，提升专注力和耐心。

（2）放松技巧

运用肌肉放松、冥想等放松技巧有助于减轻紧张情绪，让主持人在紧张局面下依然保持冷静和清晰思考，提高应对压力的能力。

2. 接纳情绪

（1）情绪认知

主持人应学会识别并接纳自己的负面情绪，理解情绪产生的原因，并采取积极的方式来处理和转化这些情绪，避免情绪对工作产生负面影响。

（2）情绪表达

适当的情绪表达有助于释放情感压力，主持人可以选择合适的方式和时机表达自己的情绪，让情绪得到宣泄，有利于情绪管理和调节。

3.寻求支持

（1）同事支持

与同事分享情绪和压力，寻求同事的理解和支持，不仅可以减轻情绪负担，还能获得建议和帮助，共同面对挑战和困难。

（2）专业辅导

如遇到复杂的情绪问题，主持人可以寻求心理专家或心理咨询师的支持和辅导，进行专业性的情绪管理，找到更有效的情绪释放与调节途径。

三、与不同类型嘉宾的交流策略

在与不同类型嘉宾的交流中，主持人需要根据嘉宾的特点和节目的需求，灵活运用交流策略，以提升访谈的效果和观众的体验，从而达到更好的沟通效果（图6-6）。

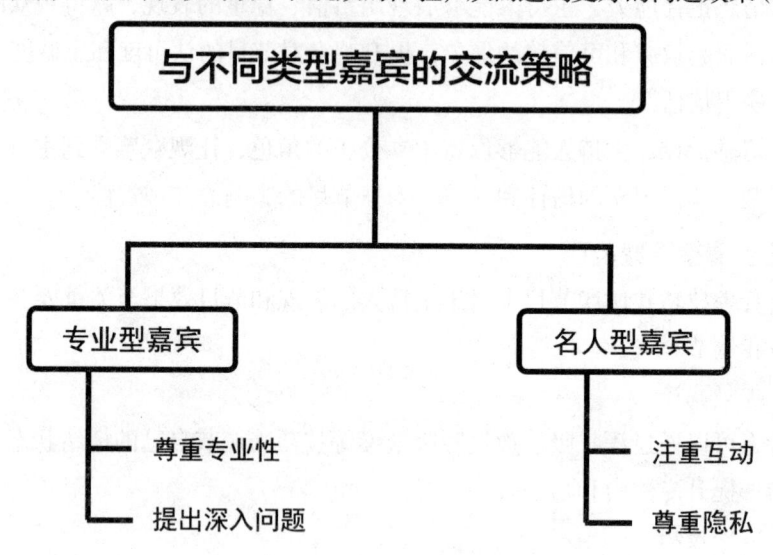

```
与不同类型嘉宾的交流策略
├── 专业型嘉宾
│   ├── 尊重专业性
│   └── 提出深入问题
└── 名人型嘉宾
    ├── 注重互动
    └── 尊重隐私
```

图6-6 与不同类型嘉宾的交流策略

（一）专业型嘉宾

专业型嘉宾在访谈节目中扮演着重要角色，他们的专业知识和经验为观众提供了有价值的信息和见解。

1.尊重专业性

（1）充分了解背景

主持人在邀请专业型嘉宾参与节目前，应该对其背景、专业领域、研究方向等进行充分了解。这样可以避免涉及嘉宾不熟悉的领域，有效保持节目的专业性。

（2）尊重意见和建议

在与专业型嘉宾的交流中，主持人应充分尊重其专业知识和经验，听取其观点和建议，通过对话交流形式展现对嘉宾的重视和尊重。

2. 提出深入问题

（1）挖掘专业见解

主持人可以针对专业型嘉宾的特长和研究领域，提出深入细致的问题，引导嘉宾分享更多专业知识和见解。这样不仅增加了节目的学术价值，也增加了观众的学习体验和收获。

（2）引导专业交流

通过提出具有深度和广度的问题，主持人可以鼓励专业型嘉宾展开高水平的专业交流，切实提高访谈节目的内容质量和学术影响力。

（二）名人型嘉宾

名人型嘉宾在访谈节目中往往会引起广泛关注，他们的经历和见解能够吸引更多观众收看节目。

1. 注重互动

（1）深入了解

在邀请名人型嘉宾参与节目前，主持人应该对其背景、事业经历、兴趣爱好等方面进行深入了解，以便展开生动有趣的互动内容。

（2）创造轻松氛围

主持人可以通过讨论生活趣事、分享个人经历等方式，营造愉快轻松的氛围，提高节目的娱乐性和亲和力，拉近与名人嘉宾的距离。

2. 尊重隐私

（1）确保适度谨慎

在与名人型嘉宾交流时，主持人应保持适度谨慎，避免涉及过于私人的话题或过度追问与个人生活相关的问题，尊重嘉宾的隐私权。

（2）提倡正面形象

主持人在与名人型嘉宾互动时，应注重传播正能量和积极形象，避免制造尴尬或负面效果，确保节目更具深度和影响力。

单元三 现场争论与话题引导应对技巧

一、争论话题选取与引导技巧

在选择争论话题时，应注重话题的广泛性和具体性，以引起嘉宾和观众的兴趣。同时，在引导争论时，主持人应注意以下几方面技巧（图6-7）。

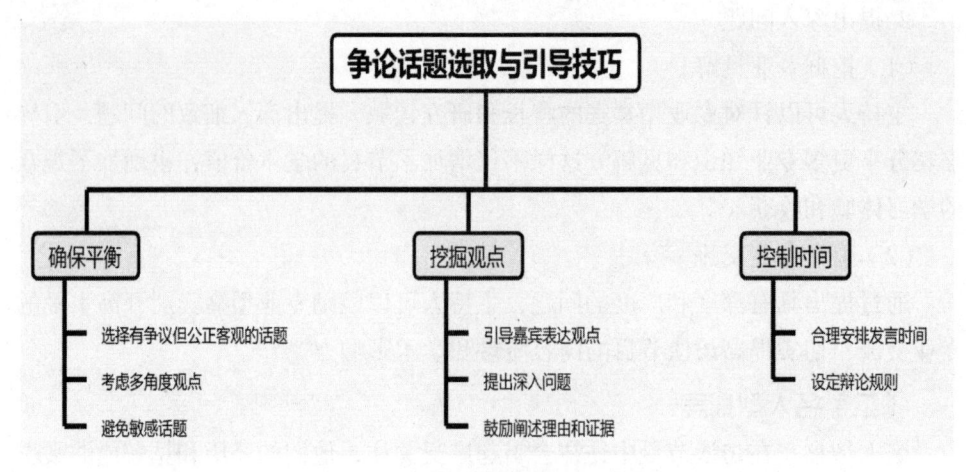

图6-7 争论话题选取与引导技巧

（一）确保平衡

确保平衡是在访谈节目中非常重要的一个方面，这需要主持人在选择、设计和引导话题时要从多方面考虑做到公正客观，还要避免涉及敏感话题。

1.选择有争议但公正客观的话题

（1）话题热度

主持人应选择公众关注度较高、有争议性但又具有公正客观性的话题，这样能够吸引观众的注意，同时保持节目的中立性。

（2）立场均衡

在引导讨论过程中，主持人需要确保不偏袒某一方，引导嘉宾从不同角度审视问题，维持讨论的平衡性和客观性，有利于促进思想碰撞和深入交流。

2.考虑多角度观点

（1）多元思维

主持人在选择话题时，要考虑到多元的观点和立场，促使嘉宾从不同角度出发进行思考和讨论，激发嘉宾表达更多观点和见解。

（2）辩证思考

鼓励嘉宾表达个人看法的同时，也要引导他们思考对立观点，并对不同观点进行比较和分析，从而产生更丰富、更深入的争论。

3.避免敏感话题

（1）预防冲突

尽量避免涉及个人敏感、政治敏感等容易引发争议和冲突的话题。

（2）维护和谐

选择探讨那些不会造成明显不良影响的话题，保持节目的和谐氛围，营造积极向上的讨论氛围，提升节目品质和观众体验感。

（二）挖掘观点

在访谈节目中，挖掘观点是促进争论和深入讨论的重要手段。

1. 引导嘉宾表达观点

（1）开放式问题

主持人可以提出开放式问题，让嘉宾有足够的空间表达自己的观点，并通过其回答引发更多的争论和讨论。

（2）适当引导

主持人可以通过适当的引导，帮助嘉宾更清晰地表达自己的观点，促进深入的观点交流。

2. 提出深入问题

（1）针对性问题

主持人可以针对已经表达的观点，进一步提问嘉宾，引导其针对话题进行深入思考和讨论，深化争论的内容。

（2）拓展讨论范围

主持人可以引入相关领域的专业问题，激发嘉宾对更广泛话题的思考和讨论，推动争论的深入发展。

3. 鼓励阐述理由和证据

（1）支撑观点

主持人鼓励嘉宾对自己的观点进行支撑和解释，要求提供相关的理由和证据，使观点更加有说服力和可信度。

（2）探索思考过程

主持人可以引导嘉宾分享自己形成观点的思考过程，使争论更加丰富并促进思维碰撞和深入交流。

（三）控制时间

控制时间在辩论和讨论节目中尤为重要，要确保公平和效率。

1. 合理安排发言时间

（1）讨论重要性

主持人需要根据讨论的重要性和参与者的数量合理安排每位嘉宾的发言时间，确保关键观点得以充分表达。

（2）分配时间段

可以划分辩论或讨论的不同阶段，并设定每位嘉宾在各个阶段的发言时间，以便控制节目的时长和保证每位嘉宾的发言都有机会被观众听到。

2. 设定辩论规则

（1）规范辩论流程

确立清晰的辩论规则，如设定固定时间进行陈述和回应，避免出现单方面发言过久或某一方垄断讨论主导权。

（2）监督执行

主持人需要严格监督和执行辩论规则，确保各位嘉宾在规定时间内发言，维护讨论的秩序和提高讨论的效率，提高节目的质量和观赏性。

3. 培养辩论技能

（1）辅导嘉宾

除了控制时间，主持人也可以在节目中辅导嘉宾提升辩论技能，引导他们有效利用有限时间表达观点，保证节目效率。

（2）鼓励互动

设定合理的规则和时间分配有助于营造良好的互动氛围，促进各位嘉宾之间的交流和互动，提升节目的互动性和吸引力。

二、现场争论控场与秩序维护

在面对激烈争论的现场，主持人需要具备以下控场与秩序维护的技巧（图6-8）。

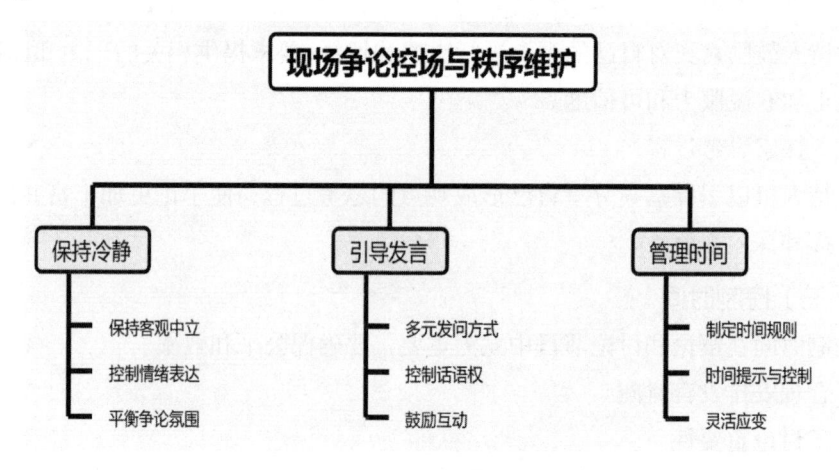

图6-8 现场争论控场与秩序维护

（一）保持冷静

在辩论和讨论节目中，主持人需要保持冷静和客观中立的态度，控制情绪表达，同时舒缓争论氛围。

1. 保持客观中立

（1）提供平等机会

主持人应确保每位嘉宾有发言机会，做到不偏袒任何一方，尊重和听取各种观点。

（2）中立调控

在辩论过程中，主持人需要保持客观中立的态度，不带煽动性词语或表情，避免给观众带来偏见或误导。

2. 控制情绪表达

（1）自我控制

主持人需自我控制情绪，不被激烈争论所左右，保持冷静和理性，避免因个人情绪影响到辩论的平和进行。

（2）专业处理

对于出现争论交锋过于激烈的情况，主持人应以专业的方式处理，如提醒参与者保持文明、理性的讨论态度，确保争论能够朝着建设性的方向发展。

3. 平衡争论氛围

（1）适时幽默

主持人可以通过适当的幽默化解紧张气氛，缓解辩论的紧张程度，使参与者保持平和思考和表达观点。

（2）缓和语气

主持人在引导争论过程中，采用平和的语气并倾听每位嘉宾的观点，以舒缓争论的氛围，避免情绪过度激动。

（二）引导发言

在访谈节目中，主持人的引导发言能力至关重要，通过多元的提问方式、控制话语权和鼓励互动，可以促进嘉宾们的观点展开和深入讨论。

1. 多元发问方式

（1）开放式问题

主持人使用开放性问题来激发嘉宾逐步展开讨论并表达观点，引导他们从各自的经验和视角出发。

（2）封闭式问题

封闭性问题可以用于确认事实或偏向具体答案的问题，以引导嘉宾就特定观点或立场进行陈述。

（3）引导性问题

通过引导性问题，主持人可以引导嘉宾在讨论中深入思考和表达观点，推动争论的深度和广度。

2. 控制话语权

（1）平衡发言机会

主持人应及时介入，控制对话节奏，确保每位嘉宾都有平等的发言机会，避免某位嘉宾过度占据话语权。

（2）分配时间

合理分配发言时间，确保每位嘉宾有足够的时间表达观点，同时注意时间的控制，使讨论顺畅进行且不超时。

3. 鼓励互动

（1）交流互动

主持人鼓励嘉宾之间进行积极的交流和互动，促使彼此倾听和回应对方，从而展开更深入和富有洞察力的讨论。

（2）针对性引导

主持人可以引导嘉宾就某个观点进行争论或扩展，通过提出、跟进问题，激发更多有价值的讨论内容。

（三）管理时间

时间管理在争论和讨论节目中至关重要，通过制定时间规则、时间提示与控制以及灵活应变，主持人可以有效地管理时长。

1. 制定时间规则

（1）明确总时长

在开始争论之前，主持人需要明确规定整个讨论的总时长，确保节目能够按时结束。

（2）时间分配

根据讨论内容和议程安排，合理划分每个环节的时间，确保时间分配均衡，所有重要议题得到充分讨论。

2. 时间提示与控制

（1）提醒剩余时间

主持人应适时提醒嘉宾剩余时间，使他们能够及时利用剩余时间表达观点，并减少因时间过快流逝而导致的急躁心情。

（2）灵活调整发言时间

如果争论时间过长或发言不平衡，主持人可以适度延长或减少每位嘉宾的发言时间，以确保整体讨论的时长控制。

3.灵活应变

（1）保障现场秩序

如果争论出现混乱或脱离主题，主持人需要优先保障现场秩序，必要时可以适度调整时间规划，以确保辩论的顺利进行。

（2）掌握节奏

主持人需要灵活把握讨论的节奏,及时引导嘉宾回归讨论主题,避免讨论偏离太远。

三、风险应对与处理策略

在争论的过程中，可能存在一些风险和问题，主持人需要灵活应对并做出相应地处理（图6-9）。

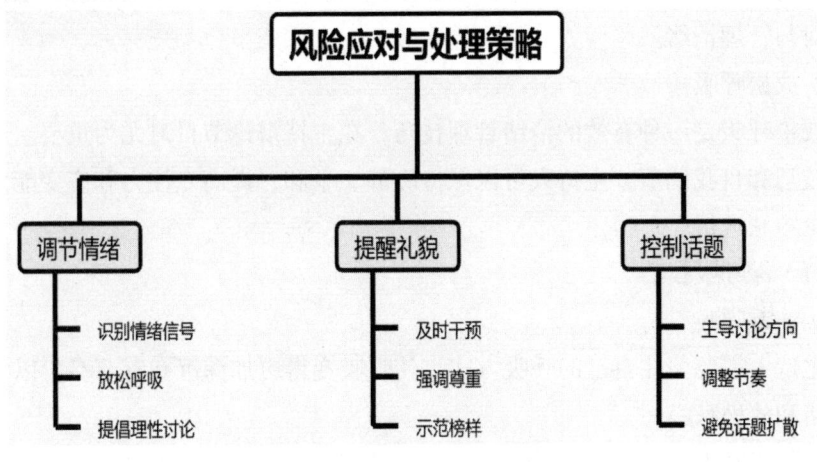

图6-9 风险应对与处理策略

（一）调节情绪

在主持辩论节目时，调节情绪是非常关键的技能。通过识别情绪信号、放松呼吸以及提倡理性讨论，主持人可以有效地维持节目的秩序和平和氛围。

1.识别情绪信号

识别情绪信号是管理情绪和维持讨论秩序的重要步骤。主持人可以通过观察嘉实表现和沟通反馈的方式，准确地识别嘉宾的情绪波动。

（1）观察表现

①面部表情

主持人应仔细观察嘉宾的面部表情，例如愤怒、沮丧、紧张等情绪在脸部的微妙变化。

②身体语言

主持人需要留意嘉宾的身体姿态、手势动作以及肢体语言的变化，揣摩其情绪状态。

③语气变化

主持人应注意嘉宾的语气强度和语调变化，例如声音颤抖、语调升高等，以推断其内心的情绪变化。

（2）沟通反馈

①互动倾听

主持人需要积极与嘉宾进行互动，倾听其言辞中的情绪暗示，捕捉到情绪信号并对其作出反应。

②深入了解

主持人可以适时提问或给予回应，以进一步了解嘉宾的情绪状态，从而更好地应对与管理情绪。

2. 放松呼吸

放松呼吸是一种有效的情绪管理技巧，在主持辩论节目时尤为重要。通过深呼吸技巧和自我调节，主持人可以保持冷静、平和，提高专注力和应变能力，确保讨论顺利进行。

（1）深呼吸技巧

①注重呼吸

主持人需要关注自己的呼吸方式，使呼吸变得更加深沉和有节奏，以帮助调节情绪和放松身心。

②腹式呼吸

推崇腹式呼吸，通过将呼吸带入腹部，延长呼气时间，可以增加氧气供应，减轻紧张情绪。

（2）自我调节

①缓解紧张情绪

深呼吸是缓解紧张和焦虑情绪的有效途径，主持人在面对紧张局面时可以通过深呼吸调整情绪。

②提升专注力

深呼吸有助于提升主持人的专注力，使其更加清晰地思考和回应，避免情绪影响影响讨论进程。

3. 提倡理性讨论

提倡理性讨论是促进辩论节目的有效方式，能够帮助维持秩序和鼓励建设性交流。主持人在引导讨论时可以培养理性思维，同时引导参与者调节情绪和保持冷静。

（1）培养理性

①理性客观

主持人应鼓励嘉宾以理性客观的态度表达观点，避免情绪化对话。强调依据数据和事实进行论述，而非个人情感或偏见。

②尊重多样性

主持人应鼓励对不同观点持开放和尊重的态度，引导嘉宾根据逻辑和证据进行推理和辩论，而非仅凭主观情感。

（2）引导调节

①提醒冷静

主持人可以适时提醒参与者保持冷静和理性，避免过度激动或人身攻击等情况的发生。通过平和的语气和姿态营造冷静和理性的氛围。

②注意讨论焦点

引导参与者集中注意力于讨论的内容本身，严格遵守讨论的范围，并追求建设性的争论和交流，而非情感上的纷争。

（二）提醒礼貌

在辩论节目中，主持人应当积极提醒嘉宾保持礼貌和尊重，通过及时干预、强调尊重以及示范榜样来维持良好的讨论氛围。

1. 及时干预

在辩论节目中，主持人应当及时干预并制止嘉宾的不当言辞和行为，以维护良好的讨论环境。通过辱骂制止和注意言辞的方法，主持人可以明确表达对不适当行为的态度，并提醒嘉宾注意他们的言辞。

（1）及时干预

一旦发现嘉宾存在语言攻击或辱骂行为，主持人应立即制止，并表达对此类行为的零容忍态度。

（2）坚决态度

主持人应以坚定的语气和姿态，表明对辱骂行为的严厉反对，并要求嘉宾改正他们的言辞。

（3）提醒警觉

主持人可直接提醒嘉宾注意他们的言辞，并指出那些可能被认为是冒犯性或无礼的措辞。

2.强调尊重

（1）多次强调

主持人在节目开头、过程中和结束时，应多次强调互相尊重和友善交流的重要性。

（2）积极引导

通过引导、提问或回应，鼓励嘉宾表达观点时要以礼貌和尊重的态度对待其他参与者。

3.示范榜样

（1）自我要求

主持人自身要严格要求自己，遵循礼貌规范，充分展现出作为主持人的专业素养和尊重他人的态度。

（2）引导嘉宾

主持人可以通过自身的言行示范，在争论中引导嘉宾以礼貌待人，用友善与理智的语言进行讨论。

（三）控制话题

在主持辩论节目时，控制话题是确保讨论内容精准、有效的重要技能。通过主导讨论方向、调整节奏以及避免话题扩散等方式，主持人可以有效控制话题，确保讨论保持在核心议题范围内。

1.主导讨论方向

（1）引导讨论

主持人应承担引导讨论、确保议题不偏离主题的职责，通过恰当的提问和引导，从而控制讨论方向并促使深入探讨。

（2）及时提醒

发现讨论偏离主题或漂移时，主持人需及时提醒并引导讨论回归核心议题，确保讨论的连贯性和针对性。

2.调整节奏

（1）缓解紧张氛围

在争论激烈或场面失控时，主持人可以适时插入适当话题，调整氛围，分散嘉宾注意力，帮助其缓解紧张情绪，达到调整节奏的效果。

（2）恢复秩序

通过调整讨论节奏，主持人可以重新建立讨论秩序，使讨论环境更加和谐并促进有效地交流。

3. 避免话题扩散

（1）控制局面

一旦讨论发散或偏离主题，主持人需要果断控制局面，清晰界定讨论范围，防止话题扩散影响讨论的深度和焦点。

（2）引导回归

通过明确的引导和边界设置，主持人可以有效地引导嘉宾回归核心议题，避免过多无关话题的涉及，确保讨论的效率和质量。

思考题

1. 在主持访谈节目前，你认为主持人应该做哪些准备工作？请列举并解释其重要性。

2. 在与嘉宾进行沟通和交流时，你认为最关键的沟通技巧是什么？为什么这些技巧很重要？

3. 访谈节目中出现争论或敏感话题时，你认为应该如何应对？请解释你的应对策略和技巧。

模块七　少儿节目主持

单元一　少儿节目语言表达与情感塑造

一、少儿节目主持角色与特点

在少儿节目中，主持人扮演着引导者和陪伴者的角色，他们既是节目的引领者，又是孩子们的知心朋友（图7-1）。

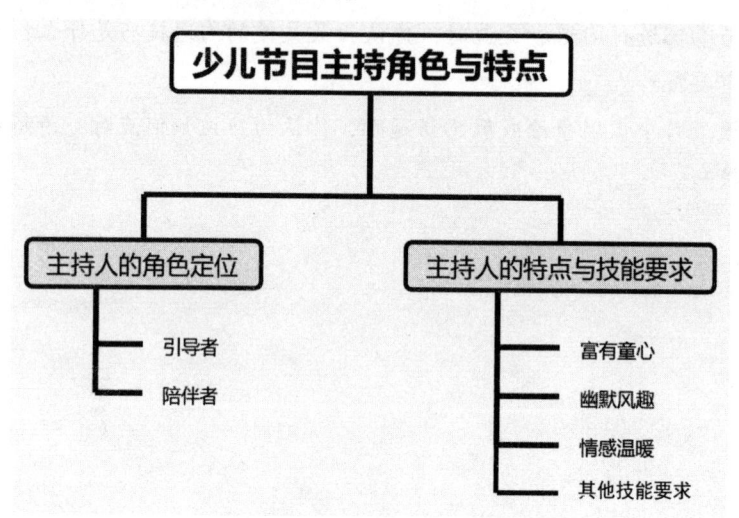

图7-1　少儿节目主持角色与特点

（一）主持人的角色定位

1. 引导者

（1）引领孩子进入节目内容

主持人作为引导者，承担着引领孩子们进入节目内容的重要责任。主持人需要通过清晰的语言和生动的表现方式，将孩子们从现实世界带到节目中来，帮助他们理解和接受节目中的信息和故事。

（2）激发孩子的兴趣和好奇心

主持人需要巧妙地引导孩子们关注节目的重点，激发他们的兴趣和好奇心。主持人可以运用丰富的想象力和趣味性的表现方式，吸引孩子们的注意力，让他们在节目中愉快地学习和成长。

（3）以身作则，树立良好榜样

作为引导者，主持人不仅要言传身教，还要以身作则，树立良好的榜样。他们需要展现出积极向上和乐观的态度，为孩子们树立正确的人生导向，引导他们走向健康、阳光的成长之路。

2.陪伴者

（1）建立亲密关系

主持人在少儿节目中扮演着孩子们的陪伴者的角色，与他们建立起亲密的关系。他们不仅是节目的主持人，更像是孩子们的朋友或哥哥姐姐，与他们一起分享快乐和成长。

（2）表现出对孩子们的关心和理解

作为陪伴者，主持人应该表现出对孩子们的关心和理解，让他们感受到温暖和安全。主持人可以通过语言和行为，向孩子们传递关爱和友善的信息，让他们感到被尊重和被理解。

（3）营造良好的节目氛围

主持人作为陪伴者，需要积极营造一个温馨、亲切的节目氛围，让孩子们在其中感受到快乐和幸福。主持人可以通过幽默风趣的表现方式和温柔体贴的语言，拉近与孩子们的距离，建立起良好的信任和亲近关系。

（二）主持人的特点与技能要求

主持少儿节目是一项需要特别的素养和技能的工作，成功的主持人需要具备以下特点和技能。

1.富有童心

（1）对儿童世界的理解和好奇心

主持人需要拥有对儿童世界的理解和好奇心。这意味着他们应该了解儿童的心理特点、兴趣爱好以及日常生活中的关注点，以便选择合适的话题和活动。

（2）关注并尊重孩子们的需求

主持人应当尊重孩子们的需求和观点，站在他们的角度思考问题，真正关心他们的成长和发展，确保节目内容能够与孩子们的认知水平和情感体验相匹配。

（3）熟悉儿童文化和教育理论

对儿童文化和教育理论有一定的了解可以帮助主持人更好地把握节目内容和形式，使其更具吸引力和教育性，达到娱乐与教育并重的效果。

2. 幽默风趣

（1）具备幽默感和口才

成功的主持人应该具备一定的幽默感和出众的口才，能够用轻松幽默的语言和方式与孩子们进行交流，引发他们的笑声和共鸣，增加节目的趣味性和互动性。

（2）生动有趣的表现形式

主持人需要具备生动有趣的表现形式，如语言表达、动作表情等，以吸引孩子们的注意力，让节目内容更加生动活泼，提高孩子们的观看兴趣。

3. 情感温暖

（1）展现真诚温暖的情感

主持人应该展现出真诚、温暖的情感，让孩子们感受到被理解和被关爱的温暖，建立起良好的情感连接，促进孩子们的健康成长。

（2）尊重和理解

主持人应该尊重孩子们的个性和观点，理解他们的感受和需求，以平等、尊重的态度与他们进行交流，营造出和谐、包容的氛围。

4. 其他技能要求

（1）沟通能力

主持人需要具备良好的沟通能力，能够与孩子们建立起良好的沟通关系，引导他们积极参与节目。

（2）情绪管理能力

主持人需要具备良好的情绪管理能力，能够应对各种情况和场景，保持稳定的心态和积极的情绪，确保节目顺利进行。

（3）创意和想象力

主持人应该具备一定的创意和想象力，能够设计出富有创意和吸引力的节目内容和活动，让孩子们在轻松愉快的氛围中学习和成长。

（4）团队合作能力

主持人需要具备良好的团队合作能力，能够与节目制作团队紧密配合，共同完成节目的策划、制作和表演，确保节目的质量和效果。

二、语言表达与儿童情感理解

在少儿节目中，语言表达和情感理解是主持人必须重点关注和培养的能力，通过适合孩子们接受的语言和情感引导，才能更好地与他们建立起亲近的关系（图7-2）。

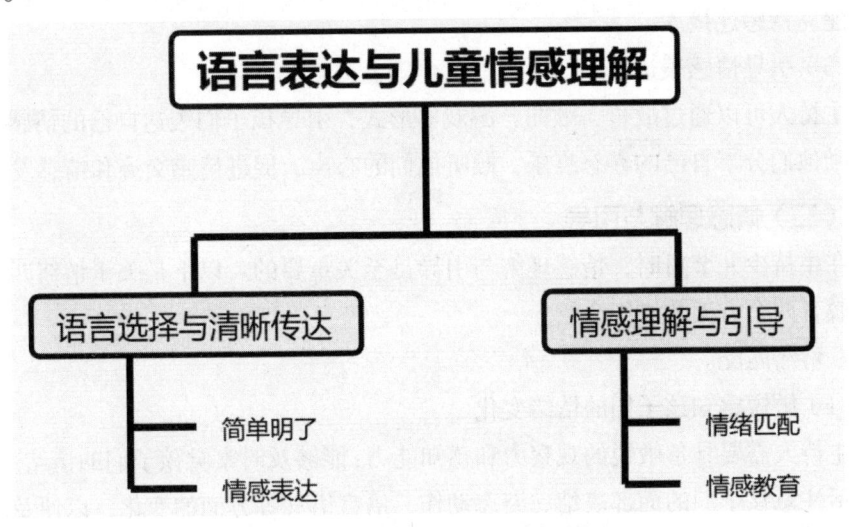

图 7-2　语言表达与少儿情感理解

（一）语言选择与清晰传达

在主持少儿节目时，语言的选择和清晰传达是确保节目成功的重要因素之一。以下是关于简单明了和情感表达两个方面的详细介绍。

1. 简单明了

（1）选择常见易懂的词汇

主持人应该选择常见易懂的词汇，避免使用过于复杂或抽象的语言。这样可以确保孩子们能够准确理解主持人所传达的内容，增强他们的参与度和理解能力。

（2）避免使用复杂句子或长篇大论

主持人在节目中应尽量避免使用复杂句子或长篇大论。可以使用简单明了的语言表达，将内容分解成易于理解的小块，有助于孩子们更好地理解和吸收。

（3）重复和强调关键信息

为了确保孩子们能够准确理解重要信息，主持人可以适当地重复和强调关键信息。通过反复强调和重复，可以帮助孩子们更好地记忆和理解内容。

2. 情感表达

（1）生动活泼的语言运用

在表达情感时，主持人应该运用生动活泼的语言，使情感更加生动直观。可以使用形象的比喻、有趣的描绘，以及活泼的语调和表情，增强情感的表达效果。

（2）情感贴近孩子们的心理

主持人应该将情感表达与孩子们的心理特点相结合，贴近他们的生活经验和情感需求。可以从孩子们喜欢的动物、游戏、故事等方面入手，通过情感表达与他们建立情感连接。

（3）引导情感表达

主持人可以通过故事、歌曲、游戏等形式，引导孩子们表达自己的情感。可以鼓励他们分享自己的喜怒哀乐，倾听他们的心声，促进情感交流和情感发展。

（二）情感理解与引导

在主持少儿节目时，情感理解与引导是至关重要的。以下是关于情绪匹配和情感教育两个方面的详细介绍。

1. 情绪匹配

（1）敏锐感知孩子们的情绪变化

主持人需要具备敏锐的观察力和感知能力，能够及时察觉孩子们的情绪变化。这包括注意孩子们的面部表情、姿态动作、语言语气等方面的变化，以便及时作出恰当的回应。

（2）恰当回应和引导

一旦发现孩子们出现情绪变化，主持人应该恰当地回应并进行引导。例如，当孩子们表现出快乐、兴奋时，主持人可以与他们分享喜悦，增强情感共鸣；当孩子们表现出焦虑、担忧时，主持人可以给予安慰和鼓励，引导他们化解焦虑情绪。

（3）使情感表达贴近孩子们的内心世界

主持人的回应和引导应该使情感表达更加贴近孩子们的内心世界，建立起与他们的情感连接。这意味着主持人需要关注孩子们的情感需求和个性特点，根据实际情况进行个性化的情感引导。

2. 情感教育

（1）引导正确理解和表达情感

通过语言表达，主持人可以引导儿童正确理解和表达情感。例如，可以通过故事、情景模拟等形式，向孩子们展示不同情感的表达方式，并解释其中的含义和影响，帮助他们建立正确的情感认知和增强表达能力。

（2）培养情商和沟通能力

情感教育不仅是让孩子们了解情感，更重要的是培养他们的情商和沟通能力。主持人可以通过与孩子们的互动和交流，引导他们学会倾听、理解他人的情感，学会表达自己的情感，并建立良好的人际关系。

（3）注重情感故事和情感启发

主持人可以设计一些富有情感色彩的故事或情景，让孩子们通过参与故事情节的解析和角色扮演，感受情感的变化与表达，从而提升他们的情感认知和表达能力。

三、笑容与声音的温柔处理

在少儿节目主持中，笑容和声音的温柔处理是主持人与观众建立亲近关系的重要方式，通过温暖的笑容和温柔的声音，可以为节目增添亲和力和温馨感（图7-3）。

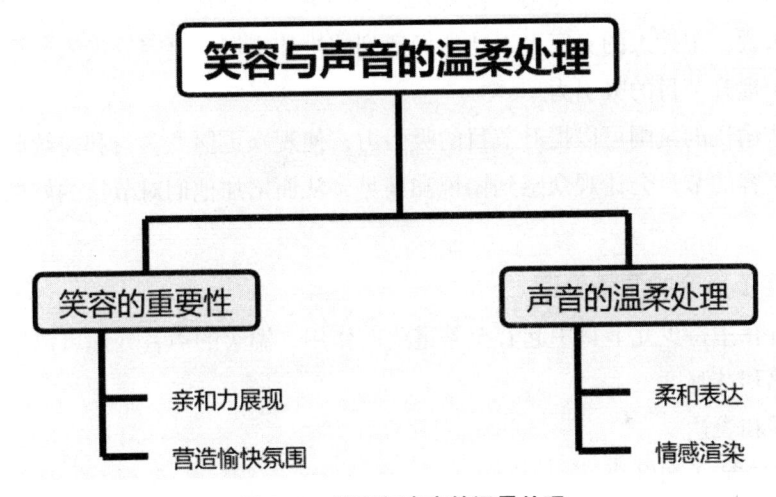

图 7-3 笑容与声音的温柔处理

（一）笑容的重要性

笑容在主持少儿节目中具有非常重要的作用，不仅能展现主持人的亲和力，还能营造愉快的氛围。

1. 亲和力展现

（1）建立亲近感

适时展现微笑可以让主持人更具亲和力，让孩子们感受到主持人的友好和亲切。笑容是一种非语言的沟通方式，能够直观地传递出主持人的善意和友好，让观众感受到温暖和安心。

（2）增强信任感

主持人展现出微笑的面孔会给孩子们一种信任感，让他们更愿意与主持人进行互动和交流。笑容会让观众感到主持人是友好的、可信赖的，从而增强他们对节目的信任和好感。

（3）引发共鸣

笑容是一种跨越语言和文化的共通符号，能够跨越屏幕传递给观众快乐和温暖。孩子们看到主持人展现出的笑容，会感受到共鸣，从而更加投入节目中。

2.营造愉快氛围

（1）传递快乐情绪

笑容是传递快乐和积极情绪的窗口，主持人的笑容能够感染到观众，让他们感受到愉悦和快乐。这种愉快的情绪会影响观众的心情，使他们更加欣赏节目。

（2）减轻紧张压力

笑容可以缓解紧张和压力，使观众放松心情，更好地享受节目。特别是对于孩子们来说，主持人的笑容可以让他们感到放松和亲切，更容易投入节目中。

（3）提升节目的吸引力

营造愉快的氛围可以提升节目的吸引力，使观众更愿意参与和持续收看。一个充满笑容的节目会让观众感到愉悦和满足，从而增加他们对节目的好感度和忠诚度。

（二）声音的温柔处理

声音在主持少儿节目中起着至关重要的作用，温柔的声音处理可以增加听众的舒适感和共鸣度。

1.柔和表达

（1）声音柔和轻快

主持人的声音应该保持柔和、轻快，避免过于尖锐或刺耳，让听众感受到舒适和温馨。柔和的声音能够缓解听众的紧张和压力，使他们更愿意倾听和参与节目。

（2）调整音量和音调

主持人可以通过调整音量和音调来达到声音的柔和表达。可以适当降低音量，使声音更加柔和，同时注意控制音调，使其保持舒缓和愉悦的心情。

（3）保持节奏稳定

保持节奏稳定也是声音柔和表达的重要因素之一。主持人应该尽量避免音量和音调突然变化，保持节奏的平稳流畅，使听众感到舒适和放松。

2.情感渲染

（1）声音的变化和抑扬顿挫

声音的变化和抑扬顿挫可以增加节目的生动感，使情感更加生动感人。主持人可以通过声音的变化和抑扬顿挫的话调来渲染节目的氛围，引起观众的情感共鸣。

（2）情感表达的灵活运用

主持人可以根据节目的内容和情感需要灵活运用声音，以便更好地表达情感。例如，在讲述有趣故事时可以使用轻快愉悦的语调，而在讲述悲伤故事时可以使用温柔悲伤的语调，从而引起观众的共情和情感共鸣。

（3）情感渲染的时机把握

主持人需要在合适的时机把握情感渲染的技巧，避免过度渲染或渲染不足。应根据节目的情感需要和观众的反馈来调整声音的表达方式，使其更加贴近节目的主题和情感内涵。

单元二　互动游戏与儿童教育知识传递技巧

一、互动游戏设计与引导

互动游戏是吸引孩子们参与节目的重要手段，设计和引导互动游戏需要注意以下几个方面（图7-4）。

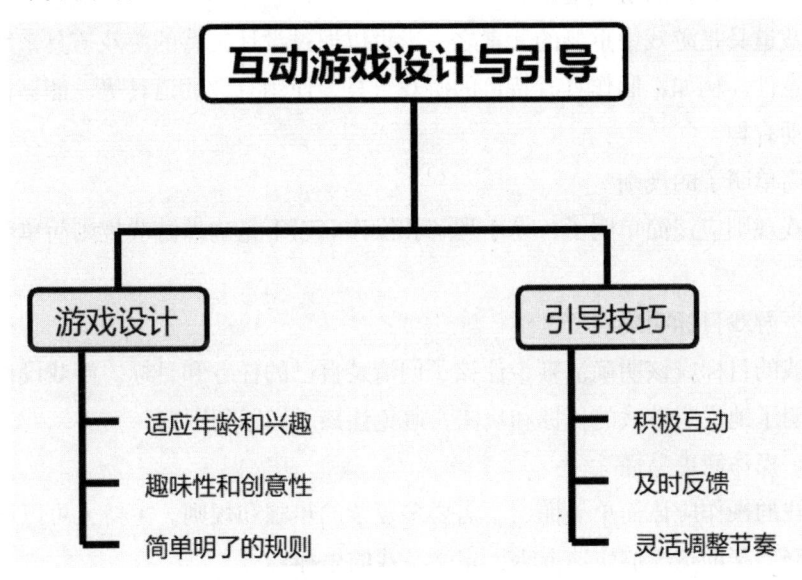

图7-4　互动游戏设计与引导

（一）游戏设计

1.适应年龄和兴趣

游戏设计的第一原则是要考虑到目标观众的年龄和兴趣。以下是一些针对不同年龄段儿童的游戏设计建议。

（1）幼儿节目

针对幼儿节目，游戏设计应该简单易懂，符合他们的认知水平和心理特点。可以设计一些观察和动作类似游戏，例如找不同、模仿动物的叫声等，这样的游戏能够提升幼儿的观察力和模仿能力。

（2）较大的儿童

针对较大的儿童，可以设计更具挑战性的游戏，涉及思维、判断和团队合作等方面。例如，谜题解密、团队竞赛等游戏能够培养儿童的思维能力和团队合作精神。

2. 趣味性和创意性

游戏设计需要具有足够的趣味性和创意性，以吸引孩子们的注意力和参与度。以下是一些增加游戏趣味性和创意性的方法。

（1）设计有趣的游戏规则

游戏规则应该设计得富有趣味性，不断挑战孩子们的想象力和智力。可以增加一些奇特的规则或限制条件，使游戏更具挑战性和趣味性。

（2）创造独特的游戏道具

游戏道具是游戏中重要的元素之一，可以通过设计独特的游戏道具来增加游戏的创意性。例如，制作具有特色的游戏道具、使用有趣的道具等，能够让游戏更加生动有趣。

3. 简单明了的规则

游戏规则应该简单明了，易于理解和操作。以下是确保游戏规则简单明了的建议。

（1）游戏目标明确

游戏的目标应该明确清晰，让孩子们清楚自己的任务和目标。游戏设计者应该简洁明了地说明游戏的目标和玩法，避免让孩子们感到困惑。

（2）操作简单易懂

游戏的操作应该简单易懂，不需要多复杂的步骤和规则。主持人可以通过示范和解释，帮助孩子们快速上手，享受游戏的乐趣。

（3）鼓励互动和合作

游戏规则设计时，应该鼓励孩子们之间的互动和合作。例如，设计一些需要团队合作完成的任务或游戏，促进孩子们之间的交流和合作，增强团队意识和友谊。

（二）引导技巧

1. 积极互动

在游戏引导过程中，主持人应该积极与孩子们互动，以下是一些有效的互动方式。

（1）提问引导

主持人可以通过提问的方式引导孩子们参与游戏，激发他们的思考和表达。例如，"你们认为下一个动作是什么呢？""你们觉得哪种办法更有效呢？"等。

（2）鼓励分享

主持人应该鼓励孩子们分享自己的想法和观点，让他们感受到被重视和被听取。可以说："谁来和大家分享一下你的想法？""你觉得你的办法有什么优势呢？"等。

（3）促进互动

主持人应该设定一些互动环节，让孩子们之间进行交流和合作。例如，团队竞赛、合作解密等，通过团队合作促进孩子们之间的互动和交流。

2. 及时反馈

在游戏引导过程中，主持人应该及时给予孩子们反馈，以下是一些有效的反馈方式。

（1）赞美鼓励

主持人可以对孩子们的表现进行赞美和鼓励，提高他们的自信心和积极性。例如，"你们做得真棒！""你们的办法很好！"等。

（2）提供建议

主持人可以提供一些建议和指导，帮助孩子们改进和进步。例如，"下次可以试试这样的方法。""你们可以尝试一下这个办法。"等。

（3）引导思考

主持人可以通过提问的方式引导孩子们进行思考和学习。例如，"你们觉得这个办法有什么优点和缺点？""你们可以想想还有没有其他的解决方法？"等。

3. 灵活调整节奏

在游戏引导过程中，主持人应该灵活调整游戏的节奏和难度，以下是一些灵活调整的方法。

（1）观察反馈

主持人应该随时观察孩子们的反应和情况，根据实际情况调整游戏的节奏和难度，确保游戏顺利进行。

（2）适时提示

如果孩子们遇到困难或迷茫，主持人可以适时给予一些提示和帮助，引导他们找到解决问题的方法。

（3）增加挑战性

如果孩子们表现得轻松自如，主持人可以适当增加游戏的难度，提高挑战性，让孩子们感受到成功的喜悦。

二、儿童教育知识传递与趣味性植入

在互动游戏中，融入儿童教育知识是一种有效的方式，以下是相关技巧（图7-5）。

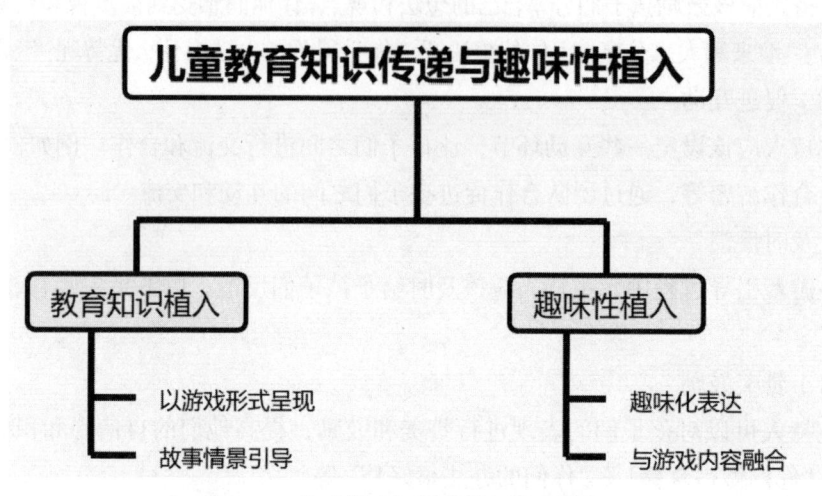

图 7-5 儿童教育知识传递与趣味性植入

（一）教育知识植入

1. 以游戏形式呈现

在少儿节目中，以游戏形式呈现教育知识是一种常见且有效的方式，以下是具体实施方法及案例。

（1）设计知识题目

主持人可以设计一些与健康、环保、科学等相关的知识题目，以问答、填空、连线等形式呈现给孩子们。例如，在一档环保教育节目中，主持人设计了一道题目："废纸张应该放入哪个垃圾桶？"通过这个游戏，孩子们不仅在玩耍中学到了正确的垃圾分类知识，还增加了对环保的认识和理解。

（2）制作挑战任务

主持人可以设计一些挑战性的任务，让孩子们在完成任务的过程中学习相关知识。例如，在一档科普节目中，主持人组织了一个科学实验挑战：制作简单的水循环实验。通过实验过程，孩子们了解了水的循环过程，并学到了水资源的重要性和保护方法。

2. 故事情景引导

通过故事情景的引导，将教育知识融入游戏中，以下是具体实施方法及案例。

（1）设计富有教育内涵的故事情节

主持人可以设计一些富有情感色彩和教育内涵的故事情节，让孩子们在故事中体验和学习相关知识。例如，在一档健康生活类节目中，主持人讲述了一个关于营养均衡的故事：小兔子学会了吃水果蔬菜，变得更加健康活泼。通过这个故事，孩子们不仅了解了营养搭配的重要性，还培养了良好的饮食习惯。

（2）角色扮演与情景再现

主持人可以通过角色扮演和情景再现的方式，将教育知识生动地呈现给孩子们。例如，在一档儿童教育节目中，主持人扮演一位科学探险家的角色，带领孩子们探索自然界的奥秘，引导他们了解植物的生长过程和生态环境的重要性。

（二）趣味性植入

1. 趣味化表达

在传递儿童教育知识时，采用趣味化的表达方式是非常有效的，以下是具体实施方法及案例。

（1）使用动画和漫画

主持人可以通过播放动画片或漫画片段的方式来呈现知识内容，这种形式生动活泼，容易激发孩子们的兴趣。例如，在一档环保教育节目中，主持人播放了一段有关海洋环境保护的动画片，讲述了海洋生物受到污染的故事，吸引了孩子们的注意力，让他们意识到环保的重要性。

（2）使用幽默语言

主持人可以使用幽默风趣的语言来表达知识内容，增加趣味性和互动性。例如，在一档科普节目中，主持人通过幽默的语言讲解了火山喷发的原理，引发了孩子们的笑声，同时增强了他们对知识的记忆和理解。

2. 与游戏内容融合

将儿童教育知识与游戏内容融合在一起是另一种有效的趣味性植入方式，以下是具体实施方法及案例。

（1）设计知识挑战任务

主持人可以设计一些与游戏任务相关的知识挑战或解谜题目，让孩子们在游戏过程中学习相关知识。例如，在一档健康生活节目中，主持人设计了一个有关食物营养的知识挑战游戏，通过答题和互动的方式，孩子们了解了不同食物的营养成分和健康搭配方法。

（2）制作趣味化道具

主持人可以制作一些趣味化的道具和装饰品，与游戏内容相呼应，增加节目的趣味性和互动性。例如，在一档科普节目中，主持人制作了一个火山模型，并设计了一个与火山相关的知识游戏，孩子们通过观察火山模型并回答问题，学习了火山喷发的原理和形成过程。

三、知识普及与娱乐相结合

在主持少儿节目中，知识普及和娱乐性的结合是非常重要的，以下是相关技巧（图7-6）。

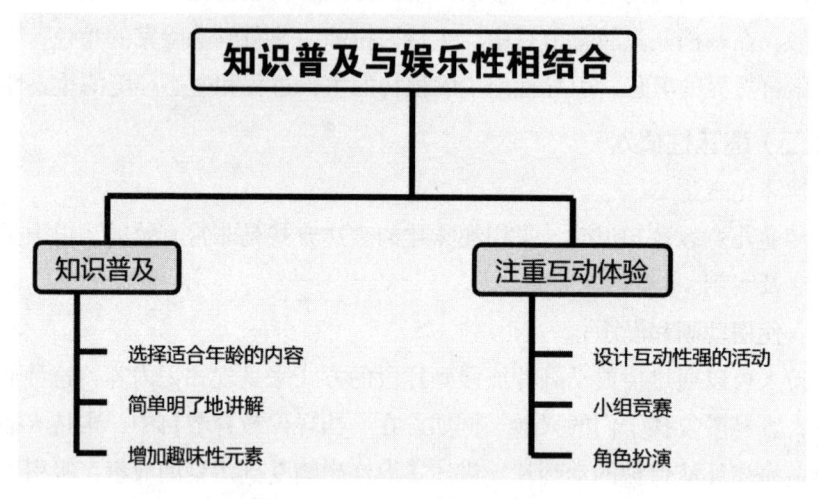

图7-6 知识普及与娱乐相结合

（一）知识普及

1. 选择适合年龄的内容

针对不同年龄段的观众，应该选择相应的知识内容。内容应该符合他们的认知水平和兴趣爱好，避免选择过于复杂或抽象的知识，确保孩子们能够理解和接受。例如，在幼儿节目中，对于年龄较小的儿童可以介绍简单的数字和颜色，而对于年龄较大的儿童，则可以介绍一些与他们生活和学习相关的科学常识或历史知识。

2. 简单明了地讲解

在向孩子们传递知识时，主持人应该采用简单明了的讲解方式，避免使用过于专业化或难以理解的术语和概念。语言要通俗易懂，表达清晰，确保孩子们能够轻松理解相关内容。可以通过生动的比喻、简单的示意图等方式来帮助孩子们理解知识。

3.增加趣味性元素

为了增加知识普及的趣味性和吸引力，可以在节目内容中增加一些趣味性的元素。例如，可以通过有趣的例子、生动的图表、有趣的动画等方式来呈现知识，让孩子们感受到知识的趣味性和生动性，从而使他们更容易吸收和记忆。此外，可以设计一些趣味性的小游戏或挑战，让孩子们在玩乐的同时学到知识。

（二）注重互动体验

通过设计互动性强的活动和任务，让孩子们参与其中，亲身体验知识的应用和实践。例如，可以设计一些小组竞赛、角色扮演等活动，让孩子们在娱乐中学习，增强参与度和学习效果。

1.设计互动性强的活动

通过设计各种互动性强的活动，让孩子们积极参与其中，从而更好地学习和体验知识。这些活动可以包括以下几种。

（1）实验和探究活动

设计一些简单的实验或探究任务，让孩子们动手操作、观察实验结果，并从中学习相关知识。

（2）团队合作任务

设计一些需要团队合作完成的任务，例如搭建模型等，让孩子们通过合作学习，培养团队精神和沟通能力。

（3）创意表达活动

鼓励孩子们进行创意表达，可以是绘画、手工制作、写作等形式，让他们通过自己的创意来表达所学知识。

2.小组竞赛

设计小组竞赛活动可以激发孩子们的竞争意识和学习热情，增加他们对知识的兴趣和投入度。例如，可以组织知识问答竞赛、团队游戏比赛等，让孩子们在比赛中学习、交流和竞争。

3.角色扮演

通过角色扮演活动，让孩子们在游戏中体验知识的应用和实践。可以设计一些情景模拟或角色扮演任务，让孩子们扮演不同的角色，亲身经历和体验相关知识。例如，可以扮演科学家、历史人物、环保志愿者等，通过角色扮演来学习和传递知识。

单元三　少儿节目主持艺术性与趣味性培养

一、艺术性表演与趣味性编排

在主持少儿节目中，艺术性的表演和趣味性的编排是吸引观众的关键（图7-7）。

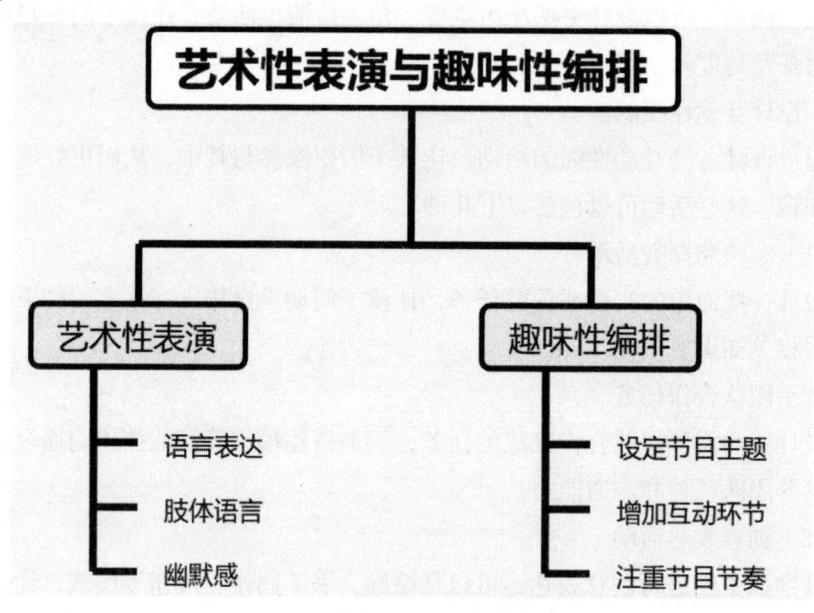

图 7-7　艺术性表演与趣味性编排

（一）艺术性表演

主持人应该具备良好的表演技巧和个人魅力，以吸引观众的注意力。以下是一些提高艺术性表演的技巧。

1. 语言表达

主持人的语言表达应该具备以下特点。

（1）清晰流畅

主持人应当以清晰流畅的语速表达，避免口齿不清或语速度过缓，确保观众能够清晰听到每个词语。

（2）音调变化

适当的音调变化可以增加语言的生动性和表现力。主持人可以根据节目内容和情感需要调整音调，让语言更加丰富多彩。

（3）情感表达

主持人应该通过语言的抑扬顿挫和情感表达，使观众能够更加贴近节目内容，并感受到主持人的情感投入。

2.肢体语言

主持人的肢体语言也是表演的重要组成部分，可以通过以下方式增强表现力。

（1）姿势和动作

主持人应该注意姿势和动作的自然流畅，避免过于僵硬或夸张。适当的手势和肢体动作可以增加表演的生动性和视觉吸引力。

（2）面部表情

面部表情是肢体语言的重要组成部分，可以表达丰富的情感。主持人应该注意面部表情的自然和准确，使观众更容易理解和接受信息。

3.幽默感

幽默是吸引观众的有效方式，主持人可以通过以下方式增加节目的趣味性和生动性。

（1）风趣幽默

主持人可以通过风趣幽默的表现方式，让节目更加活泼有趣。可以运用一些幽默的语言和笑话，适时调侃自己或与观众互动，引发笑点和共鸣。

（2）生动形象

主持人可以通过塑造生动有趣的角色形象，增加节目的趣味性。可以扮演一些幽默风趣的角色，或者展现自己独特的幽默风格，以吸引观众的注意力。

（二）趣味性编排

良好的节目编排可以增加节目的趣味性和吸引力，以下是一些编排技巧。

1.设定节目主题

每期节目都应该有一个清晰的主题，这有助于观众更好地理解和记忆节目内容。主题的设定可以根据不同的节目形式和目标观众的喜好来确定。例如，可以选择有趣的主题如"探险历险""奇幻童话"等，或者选择与季节、节日相关的主题，增加节目的新鲜感和趣味性。

2.增加互动环节

互动环节是提高节目趣味性和参与度的重要手段。通过设置一些互动环节，如游戏、问答、观众参与等，可以让观众积极参与到节目中来，增强他们的参与感和快乐度。这些互动环节可以与节目主题相关联，使得节目更加紧凑和连贯。

3. 注重节目节奏

节目的节奏控制是确保节目流畅性和趣味性的关键。过于拖沓或匆忙的节目都会影响观众的观看体验。因此，主持人和节目团队需要注重节目的时间安排和内容组织，合理控制节目的节奏，使得节目在紧张有序的节奏中展开，同时保持观众的注意力和兴趣。

二、角色扮演与情景再现

通过角色扮演和情景再现，主持人可以为节目注入更多生动有趣的元素，让观众沉浸其中，获得愉悦的收看体验（图 7-8）。

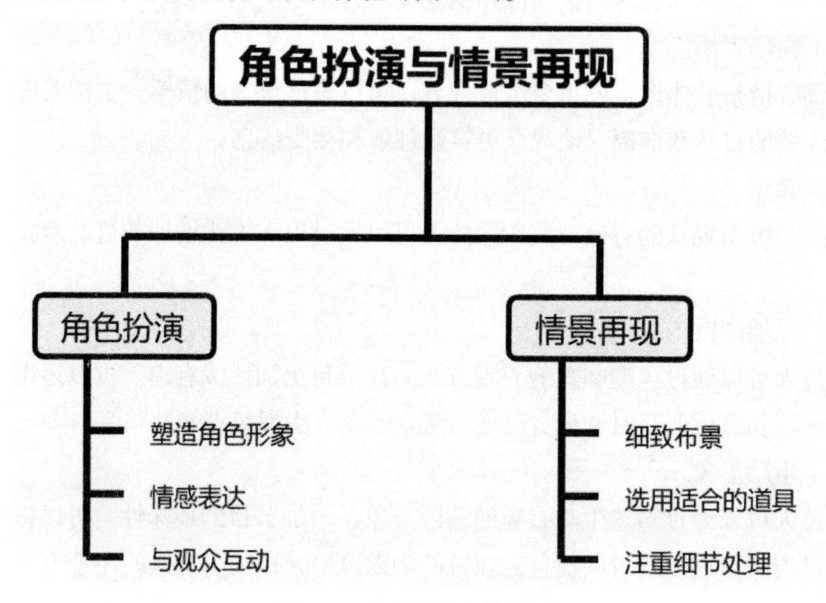

图 7-8　角色扮演与情境再现

（一）角色扮演

角色扮演是主持人展现节目多样性和创造趣味性的重要方式。

1. 塑造角色形象

在角色扮演中，主持人需要根据节目的内容和主题，精心塑造具有独特个性和特色的角色形象。这些角色可以是可爱的动物、勇敢的冒险者、神秘的魔法师等，不同的角色可以给观众带来不同的情感体验。例如，在一档儿童节目中，主持人扮演一只好奇的小狗，带领观众展开一次奇妙的探险之旅。

2. 情感表达

在角色扮演过程中，主持人应该善于把握角色的情感和态度，通过表情、语言和肢体动作等方式，真实地表达角色内心的感受。情感表达的丰富性可以使角色更加立体和生动，增强观众的代入感和情感共鸣。例如，当主持人扮演一只调皮的小猫时，可以通过俏皮的语言和活泼的动作，传递出小猫的顽皮和可爱。

3. 与观众互动

角色扮演不仅是主持人自身的表现，还是与观众互动的重要方式。主持人可以通过与观众互动的方式，让观众参与到故事的发展中来，增加节目的互动性和趣味性。例如，在扮演角色的过程中，主持人可以与观众进行对话、提出问题等，让观众有机会参与到故事的发展中来，增强他们的参与感和代入感。

（二）情景再现

情景再现是通过布景、道具和演员的表演，生动地再现故事情节或场景，增加节目的趣味性和吸引力。

1. 细致布景

细致的布景设计是情景再现的关键之一。主持人需要根据故事情节或场景特点，精心设计布景，营造出符合主题的环境。布景的细节包括背景布景、道具摆放、灯光效果等。例如，在讲述一个森林探险的故事中，主持人可以搭建一个仿真的森林场景，通过树木、灌木和山石的布置，使观众感受到仿佛置身于真实森林中。

2. 选用适合的道具

选择适合情景的道具和装饰品对于情景再现至关重要。道具的选择应该与故事情节紧密相连，能够帮助观众更好地理解和代入故事。主持人需要注意道具的质量和逼真度，确保道具能够完美地呼应故事情节。例如，在讲述一个海底探险的故事时，主持人可以准备一些海洋生物的模型和海底宝藏的道具，增加情景再现的真实感和趣味性。

3. 注重细节处理

在情景再现的过程中，主持人需要注重细节处理，从服装搭配到化妆效果，再到道具的摆放位置，每一个细节都需要精心设计。这些细节能够让观众更加投入故事情节，增强观众的代入感和沉浸感。例如，在扮演历史人物的情景再现中，主持人不仅需要选择适合的服装和妆容，还需要研究人物的行为举止和语言特点，以做到形神兼备，使角色更加栩栩如生。

三、音乐、舞蹈等艺术元素的运用

音乐和舞蹈是丰富节目表现形式、增加趣味性的重要艺术元素，在节目中的巧妙运用能够有效吸引观众的注意力，增强节目的艺术性和娱乐性（图7-9）。

```
                    音乐、舞蹈等艺术元素的运用
                    ┌──────────────┴──────────────┐
                  音乐运用                        舞蹈运用
                    │                              │
                    ├─ 选择适合的音乐              ├─ 选择适合的舞蹈
                    ├─ 控制音乐节奏                ├─ 编排精彩舞蹈
                    └─ 创新运用                    └─ 参与互动
```

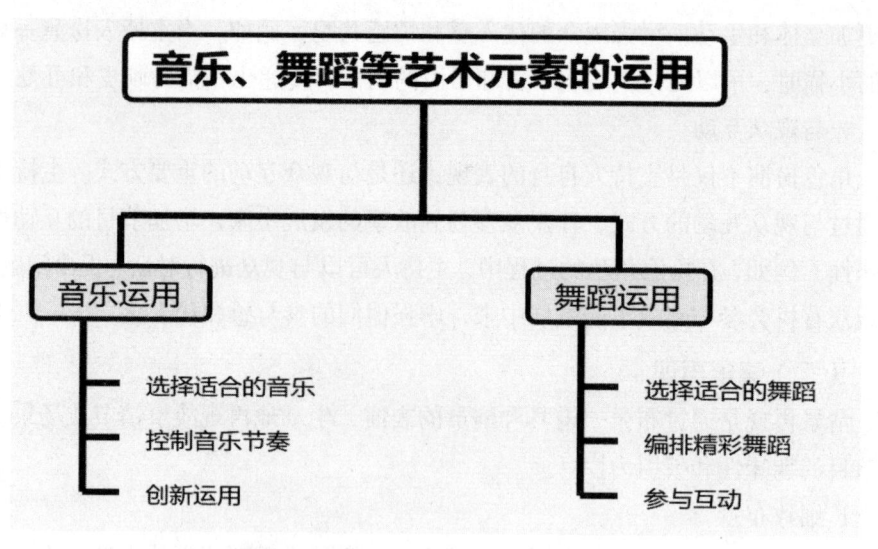

图7-9 音乐、舞蹈等艺术元素的运用

（一）音乐运用

音乐在节目中扮演着重要的角色，能够营造氛围、表达情感，以下是一些音乐运用的技巧。

1.选择适合的音乐

主持人应根据节目的主题和情感需要，精心挑选适合的背景音乐或配乐。例如，在快节奏、紧张情节情况下选择动感的音乐，而在温馨场景中则选用柔和悠扬的音乐，以增强节目的氛围感和情感表达。

2.控制音乐节奏

主持人需要掌握音乐的节奏和音量，使其与节目内容和节奏相协调。恰当的音乐节奏能够增加节目的紧张感或悬念，同时能够提升节目的趣味性和吸引力。

3.创新运用

除常规的背景音乐外，主持人还可以创新性地运用音乐。例如，制作节目的主题曲、配合角色扮演或情景再现的音效等，这些创新的运用能够增加节目的独特性和艺术性，让观众更加喜爱和期待节目。

（二）舞蹈运用

舞蹈作为一种具有视觉冲击力和动感魅力的表现形式，在节目中能够增加节目的活力和趣味性，以下是一些舞蹈运用的技巧。

1.选择适合的舞蹈

根据节目的主题和内容，选择适合的舞蹈形式。例如，可以选择欢快活泼的舞蹈来增加节目的活力，或选择童趣的舞蹈来吸引孩子们的注意力，使舞蹈与节目风格相匹配。

2. 编排精彩舞蹈

主持人需要精心编排有趣、生动的舞蹈动作，结合音乐和节目内容，以增加节目的视觉效果和观赏性。精彩的舞蹈表演能够吸引观众的目光，增添节目的亮点和魅力。

3. 参与互动

在舞蹈表演中，主持人可以鼓励观众参与舞蹈。设计简单易学的舞蹈动作，引导观众跟随节奏一起舞动，增加节目的互动性和参与感，让观众更加投入节目，提升节目的趣味性和互动性。

思考题

1. 在主持少儿节目时，你认为如何使用适合儿童的语言表达？请分享你的语言表达技巧和方法。

2. 如何设计和引导适合儿童参与到互动游戏？请分享你的游戏设计思路和方法。

3. 在主持少儿节目时，你认为如何培养自己的艺术性和趣味性？请分享你的艺术表达技巧和趣味元素的运用。

参考文献

[1] 孙燕，马玉坤.融媒时代播音主持专业实践课程创新研究[J].传媒，2019（22）：79-82.

[2] 杨丽君，李晓磊.浅析播音与主持专业创新型实践教学体系的构建[J].传播力研究，2019，3（31）：146.

[3] 刘宇.互联网+背景下播音主持实践教学创新研究[J].传播力研究，2019，3（27）：191-192.

[4] 陈志杰.全民直播时代播音主持专业实践教学模式创新思考[J].新闻前哨，2021（6）：73-74.

[5] 李璐.全民直播时代播音主持专业实践教学模式创新探索[J].视听，2020（11）：218-219.

[6] 李梅.高能素质是播音主持人才培养的内驱力[J].今传媒，2017（1）：127-128.

[7] 王蓉，李伟.以就业为导向探索高职播音主持人才培养模式的改革[J].科技信息，2010（34）：231.

[8] 罗曦.播音主持专业创新人才培养模式探析[J].传播力研究，2019（8）：147，149.

[9] 李俊文.播音主持人才培养模式的优化措施研究[J].传播力研究，2017（4）：113-114.

[10] 吴文亮.以赛促学、以赛促练、以赛促教，提高少数民族地区英语专业师范生职业技能的探索[J].海外英语，2018（11）：96-97.

[11] 汪俊，郑帅.融媒时代高校播音主持专业教学改革探究[J].传媒论坛，2018（6）：8，10.

[12] 宋安琪，刘慧楠.融媒体时代播音主持人才培养策略研究[J].西部广播电视，2021（23）：73-75.

[13] 种雪.浅谈融媒体时代高校播音主持教学的适配性[J].记者摇篮，2021（4）：43-44.

[14] 张玉红. 融媒体时代播音主持转型发展分析[J]. 西部广播电视，2022（6）：178-180.

[15] 陈晨. 高校播音主持专业教育模式的改革研究[J]. 传媒论坛，2021（24）：77-78.